D1928657

Collection
Rolf Heyne

Hotels zum Verlieben

Peter von Gerdes

Hotels zum Verlieben

Klein, aber fein

Wilhelm Heyne Verlag
München

Inhalt

Zum Glück gibt es sie noch,

die „Hotels zum Verlieben", kleine Refugien, die sofort signalisieren: hier sind Sie zu Hause, auch fern von zu Hause. Man muss sie gar nicht unbedingt irgendwo am Ende der Welt suchen. Ich fand versteckte Hotels, ja Hoteljuwelen, in Deutschland, mitten in London genauso wie im Tessin oder auf der total überlaufenen Urlaubsinsel Mallorca. Diese Hotels der Extraklasse – klein, aber fein – aufzuspüren, war das Ziel meiner Recherche für dieses Buch. Natürlich ist die Auswahl der „Hotels zum Verlieben" rein subjektiv. Ich erhebe weder den Anspruch auf Vollständigkeit, noch will ich behaupten, dass meine Beurteilung eines Hauses allgemein gültig ist. Ich halte es mit Somerset Maugham, der sagte: „Das Paradies ist etwas sehr Persönliches."

Abseits vom Touristentrubel habe ich nach idyllischen Oasen gesucht, die eine luxuriöse kleine Welt für sich bilden: wo man sich einen Aufenthalt aus einem besonderen Anlass gönnt oder wo ein Leben in Harmonie mit der Natur möglich ist, ohne dass man auf Komfort verzichten muss.

Weitere Kriterien waren: Zimmer mit großzügigem Platzangebot, die das gewisse „my-room-is-my-castle-feeling" vermitteln, und aufmerksamer, perfekter Service; außerdem architektonischer Pfiff jenseits dessen, was gerade „in" zu sein scheint, absolute Diskretion des Personals und wohltuendes Understatement im Gegensatz zu Protz und Glitter. Denn: Trends kommen und gehen, Stil ist unvergänglich.

Wem es nicht vergönnt ist, sich an Ort und Stelle in meine Wohlfühl-Hotels zu verlieben, tröste sich mit Kiplings Wort: „Reisen findet im Kopf statt", denn wie schön lässt es sich auch im bequemen Sessel reisen.

Ich wünsche Ihnen unvergessliche Aufenthalte in den „Hotels zum Verlieben", sei es in der Realität oder in der Phantasie.

Peter von Gerdes

Four Seasons Resort Bali at Sayan

Sayan - Bali

Der Name Bali evoziert sofort Vorstellungen von Exotischem, Schönheit und Geheimnis. Auch heute noch wird die fremde, faszinierende Welt vom tief verwurzelten und dabei lebensfrohen hinduistischen Glauben der Einheimischen geprägt. Altüberlieferte Riten, Dorfzeremonien, Referenzen an die Götter, Beerdigungskulte und spirituelle Tänze bestimmen den Alltag der Balinesen, sind aber leider auch oft zur Touristenattraktion degradiert. Doch um die hässlichen Touristenghettos in Kuta/Legian, Sanur, Nusa Dua und die unansehnliche Hauptstadt Denpasar kann man ja einen großen Bogen machen. Am Rande des Dorfes Sayan, unweit des pittoresken und quirligen Künstlerortes Ubud, fühlt man sich noch am ehesten dem ursprünglichen Bali verbunden. Hier eröffnete im März 1998 das „Four Seasons Resort Bali at Sayan" seine Pforten. Das Hotel schmiegt sich in sattgrüne Reisterrassen und naturbelassenen Palmendschungel. Die Anlage wird begrenzt von dicht bewaldeten Hügeln und den Ufern des heiligen Ayung River.

Mit etwas Wehmut hatten wir beim Vorbeifahren noch auf unser bisheriges Lieblingsdomizil, das „Amandari", geschaut, doch das „Four Seasons" braucht keinen Vergleich mit dem Aman Resort zu scheuen. Alles wirkt hier noch gepflegter, noch friedlicher und noch paradiesischer. In vollkommener Harmonie mit der Natur schmiegt sich das dreigeschossige Hauptgebäude an einen Hügel. Die achtundzwanzig Villen mit ihren spitzen Sumpfgrasdächern verstecken sich gleichsam in der Idylle exotischer Vegetation und Landschaft.

Bei der Auswahl seines privaten Refugiums kann man eigentlich keinen Fehler machen. Auf höchstem Niveau verbinden sich überall Natürlichkeit mit exklusivem Interieur. Die nur sechsundvierzig Wohneinheiten sind in Terrassen-Suiten, De-Luxe-Suiten und Villen eingeteilt. Betont schlichter Luxus bestimmt die großzügigen, klimatisierten Wohn-, Ess- und Schlafbereiche und macht auch vor den schattigen Terrassen nicht Halt. Viel dunkel gebeiztes Teakholz; eigens für das Hotel in Bali

In vollkommener Harmonie mit der Natur verstecken sich die privaten Refugien in der exotischen Vegetation.

Kunstvoll sind die kleinen Swimmingpools in die Terrassen der Villen hineinkomponiert. Es scheint, als seien die Wasseroberflächen ein Teil der saftig grünen Umgebung. Mit den Armen auf den Beckenrand gestützt, kann man stundenlang im Wasser hängen und einfach nur die Seele baumeln lassen.

gefertigte Möbel, handgewirkte Stoffe in gedeckten Farben und kleine, balinesische Kunstgegenstände schaffen eine anheimelnde, landestypische Atmosphäre. Selbstverständlich fanden wir auch modernsten technischen Komfort, wie Satellitenfernseher und CD-Player. Die Bäder überzeugen nicht nur durch viel Platz und luxuriöse Ausstattung, sondern auch durch separate Dusche und WC, eine riesige Terrazzo-Badewanne und flauschige Bademäntel aus Frottee. Wir hatten uns eine der fünfundzwanzig Villen geleistet und konnten uns so auf fast zweihundert Quadratmetern herrlich ausbreiten. Der kleine Swimmingpool in unserem Garten war einfach genial komponiert. Man hatte den Eindruck, als sei die Wasseroberfläche ein Teil der saftig grünen Umgebung. Mit den Armen auf den Beckenrand abgestützt, hing ich stundenlang im Wasser, widmete mich meiner Urlaubslektüre oder ließ einfach nur die Seele baumeln. Mit der typischen Four-Seasons-Perfektion wurden wir rund um die Uhr umhegt und gepflegt. Schließlich bürgte schon der Name des Direktors, Royal Rowe, für majestätische Betreuung. Den Spa-Bereich fanden wir im Erdgeschoss des Hauptgebäudes. Das Gym-Studio mit modernsten „Foltergeräten“ überließen wir gerne fitnessbewussten Gästen. Wir zogen doch lieber Aromatherapien, Reflexzonenbehandlungen oder traditionelle Massagen vor. Außerdem lockten hier auch noch ein Schönheitssalon, eine Sauna und ein Dampfbad. Wem es in dem kleinen Paradies für Romantiker, Faulenzer und Gourmets einmal zu langweilig wird, kann sich den vom Hotel organisierten Trekking-Touren, River Raftings, Kajakfahrten oder Wanderungen anschließen.

Die Badezimmer überzeugen durch viel Platz, luxuriöse Ausstattung und herrliche Ausblicke.

Beim festlichen Dinner verzaubern die dunkle Tropennacht und leise Musik mit Gamelanklängen die Gäste.

Das Frühstück und kleine Snacks ließen wir uns auf unserer Terrasse servieren, doch gegen Abend zog es uns wie magisch in die „Jeti Bar". Höflich stimmten wir einer älteren Dame zu, als sie uns zuflüsterte: „Allein wegen des fantastischen Ausblicks lohnt sich der Aufenthalt hier." Meistens entschieden wir uns erst beim Drink, ob wir dem eleganten Restaurant „Ayung Terrace" oder dem legereren „Riverside Café" den Vorzug geben sollten. Scharf gewürzte Köstlichkeiten der indonesischen Küche und internationale Kreationen bekam man in beiden Lokalen serviert und die leise Musik mit Gamelanklängen verzauberte die dunkle Tropennacht hier wie dort.

facts

Four Seasons Resort Bali at Sayan

Bali, Indonesia
Tel. 0062 (361) 977577 – Fax 977588
E-Mail: fsrb@indosat.net.id

18 Suiten, 28 Pool-Villen

Ein Hideaway der absoluten Spitzenklasse mit sehr viel exotischem Märchenzauber.

Ein romantisches Schlafgen
in Belgiens erster Adress
Honeymooner und Verli

Die Swaene

Brügge - Belgien

Noch heute ist Brügge das Urbild einer mittelalterlichen Stadt. Mit Recht ist das Backsteinzentrum Stolz und Juwel der Flandern, obwohl die belgische Stadt nur noch ein Schatten ihrer glanzvollen Vergangenheit aus dem 13. und 14. Jahrhundert ist. Damals hatte die Hafen- und Weltstadt die meisten Einwohner unseres Kontinents und galt als wichtigster Handelsplatz. In unseren Tagen bestätigen Kunsthistoriker, dass nur wenige europäische Städte auf dem Gebiet alter Stadtbaukunst ein so vollkommenes Bild darbieten wie gerade die Hauptstadt Westflanderns. Der Vergleich mit Venedig drängt sich auf; denn überall durchziehen Kanäle mit unzähligen Brücken die Innenstadt. Die kopfsteingepflasterten Gassen und die Ziegelsteinhäuser mit den konisch gestuften Giebelfronten muten dagegen schon sehr nordisch an.

Im Herzen der Stadt eine romantische Oase. Vor dem Haus in Brügge darf natürlich ein malerischer Kanal nicht fehlen.

Natürlich darf in dieser Idylle zwischen Frühgotik und Renaissance ein romantisches Stadthotel nicht fehlen: „Die Swaene" bietet im Herzen der Stadt eine Oase der Zurückgezogenheit. Nur ein paar Schritte vom historischen Rathaus entfernt, einem schönen, gotischen Gebäude aus dem Jahre 1376, fügt sich das Hotel in eine zartgelbe zweigeschossigen Häuserzeile ein. Parallel zu dem schmalen Anliegersträßchen vor dem Haus verläuft ein malerischer Kanal, dessen Ufer mit großen, alten Laubbäumen gesäumt sind.

Wir betreten ein romantisches Refugium mit viel dunklem Holz und fühlen uns in eine längst vergangene, gute alte Zeit zurückversetzt. Da kann man einfach nicht widerstehen und lässt sich vom jungen Empfangschef gern erst einmal die gemütlichen Salons und das prächtige Restaurant zeigen. Dass dieser freundliche Herr Hessels eigentlich Direktor des Hotels und auch noch Sohn der Besitzerfamilie ist, erfährt man erst, wenn einem der Name Hessels vertrauter wird. Wir hören nämlich, dass die Hessels ein Bio-Landgut führen, aus dem die meisten Produkte für die Küche kommen, dass die Eltern fleißige Antiquitätensammler waren und viele ihrer Schmuckstücke in das Hotel eingebracht haben: alte Gemälde, wunderschöne Gobelins, prächtige Kronleuchter, riesige Kamine und antike Möblierung. Erst auf den zweiten Blick entdecken wir die vielen kleinen, kostbaren Ziergegenstände, die jeder Sammlung in einem Museum zur Ehre gereichen würden.

Besonders gemütlich fanden wir den Wintergarten mit üppigen exotischen Topfpflanzen, wo wir das ausgezeichnete Frühstück genossen. Eine wahrhaftig tropische Überraschung stellt ein kleines Hallenbad mit gepflegter Sauna dar. Eingerahmt von Bambusstellwänden, riesigen Bambussträuchern in Terrakottakübeln, Korbsesseln und Felsbrocken tummelt sich gerade ein verliebtes Pärchen im Wasser des Pools. Wir erfahren, dass die beiden gerade ihren Honeymoon im „Swaene" verbringen und dass man in Belgien die erste Adresse für Hochzeiter und Verliebte sei. Es gibt sogar ein Romeo-and-Juliet-package!

Ob großes, festliches Mahl oder ein intimes Essen zu zweit, im Restaurant „Die Swaene" findet jeder verwöhnte Gourmet den richtigen Rahmen.

Die zweiundzwanzig Gästezimmer sind Unikate der besonders schönen Art. Die Räume sind stilvoll in warmen Rosttönen oder in hellen Pastellfarben dekoriert. Überall spürt man den persönlichen Geschmack und das Traditionsbewusstsein der Hessels. Vor ihren Augen bestanden nur die besten englischen und italienischen Stoffe, die jedem Zimmer seinen eigenen charakteristischen Stil geben. Das komfortable King-Size-Bett in unserem Zimmer kann ganz in kostbare Brokatbahnen eingehüllt werden. Zwischen den mit demselben Brokat drapierten Fenstern steht ein Toilettentischchen mit Hocker unter einem antiken Spiegel. In dem antiken Kleiderschrank hätten wir Garderobe für einige Wochen unterbringen können. Während die Wohn- und Schlafbereiche elegante, urgemütliche Refugien sind, wäre bei einigen Badezimmern schon ein Facelifting angebracht. Dass die Einzelzimmer etwas klein geraten sind, stört sicher nur Geschäftsreisende. Wer kommt schon allein nach Brügge und wohnt dann noch in dem romantischsten Hotel der Stadt in einem Einzelzimmer?

Zu den Klängen leiser Barockmusik wird einem in dem Feinschmeckerrestaurant die beste Küche von Brügge geboten. Reservieren muss man auch als Hausgast; denn das kulinarische Spitzenangebot hat das Restaurant „Die Swaene" zu einem Mekka für Gourmets gemacht.

facts

Die Swaene

B – 8000 Brügge
Tel. 0032 (050) 50342798 – Fax 336674
E-Mail: dieswaene@unicall.be

22 Zimmer

Romantisches Stadthotel in einer Idylle zwischen Frühgotik und Renaissance; Belgiens erste Adresse für Honeymooner.

Der kleine Prinz

Baden-Baden - Deutschland

Wer in Las Vegas oder Reno auf die richtige Kugel gesetzt hat, bettet sein aufgewühltes Haupt anschließend gern in den Traumwelten exklusiver „theme hotels", schläft im Pharaonenzelt, im Märchenschloss oder in der Weltraumkapsel. Solche fantasiebeflügelnden Hotelerlebnisse sind auch in Baden-Baden möglich, allerdings stilgerecht der noblen Distinktion des Kurorts mit den heiligen Roulette-Sälen des Casinos angepasst.

Denn „der kleine Prinz" logiert in den geräumigen Zimmerfluchten eines schmucken dreistöckigen klassizistischen Bürgerhauses, das sich nach außen fast kreuzbrav-bieder gibt. Schlichtes Gasthausschild und herausgeputzte Blumenbalkons – das könnte auch eine gepflegte altdeutsche Wirtschaft im Reichsstädtchen sein. Lediglich die kolossale, fast zwanzig Meter hohe Illusionsmalerei auf der Brandschutzmauer verrät, dass hier auch ein innovativer Wind weht. Denn da steht über vorgetäuschten Sprossenfenstern in einer himmelblauen Apsis ein herziges und beherztes Bürschchen mit Stiefeln, Degen und dunkelblauem Kavaliersmantel, umsurrt von allerlei Gestirnen: Der kleine Prinz! Antoine de Saint-Exupérys herzgewinnende Romanfigur, wie sie leibt und lebt, und auch die dunkelrote Rose unterm Glassturz blüht auf seinem goldfarbenen Planeten.

Der Anspruch pensionshafter Bescheidenheit verflüchtigt sich schnell, wenn man das Innere des Hauses betritt. Denn le petit prince ist ein erlesenst

„Der kleine Prinz", ein beherztes Bürschchen mit Stiefeln, Degen und dunkelblauem Kavaliersmantel, begleitet den Gast durch das romantische Hotel.

eingerichtetes kultiviertes Individualhotel, das sich vorgenommen hat, seinen Gästen, die außer in Deutsch auch in Englisch, Französisch, Italienisch, Japanisch und Russisch (die Dostojewskij-Spieler sind zurückgekehrt!) umworben werden, einen einzigartigen Erlebnis- und Genussrahmen zu bieten. Denn hier ist eine Familie am schöpferischen Werk, die Professionalität und Passion überzeugend zu verbinden weiß. 1985 hat das Ehepaar Norbert und Edeltraud Rademann das Themenhotel in unmittelbarer Nähe des Kurparks eröffnet. Der Erfolg des Hauses seit fast fünfzehn Jahren kam nicht von ungefähr. Herr Rademann leitete vorher über viele Jahre so bekannte Hotels wie das „Hilton" und das „Waldorf Astoria" in New York. Und auch der Sohn Andreas bewegte sich auf

Dem ausgefallenen Geschmack der Hausherrin verdankt das verspielte Interieur seine Originalität. Aus der ganzen Welt trug Edeltraud Rademann Möbel-Unikate und Accessoires zusammen, um die Geschichte des kleinen Prinzen zum zentralen Thema des romantischen Kleinods zu machen.

internationalem Parkett, bevor ihm der Papa vor zwei Jahren die Leitung des „Kleinen Prinzen" übertrug. Doch die wahre Inspiratorin dieses charmanten Relais ist die Mama, deren ausgefallenem Geschmack die Originalität des Interieurs zu verdanken ist. Mit ihrer Sammelleidenschaft trug sie Möbel-Unikate und Accessoires aus der ganzen Welt zusammen, um die Geschichte des kleinen Prinzen zum zentralen Thema ihres romantischen Kleinods zu machen.

Dreiunddreißig Zimmer und Suiten birgt das Haus mit dem literarischen Namen – und keins gleicht dem anderen. Man hat, sofern man rechtzeitig bucht, die Qual der Wahl zwischen geräumig oder intim, verwinkelt oder gerade, mondän oder gemütlich, verspielt oder nüchtern. Bei einer Hoteltour an der imaginären Hand des kleinen Prinzen, dessen Konterfei hier allgegenwärtig ist, werden unterschiedlichste Geschmäcker angesprochen. Vielleicht gemahnt die Manhattan-Suite (mit der Skyline von New York!) am ehesten an den Spruch der Saint-Exuperyschen Schlange, dass man auf der Erde einsam unter den Menschen sei. Im Boudoir Rose mit seinen pompejanisch-roten Wänden könnte der Fuchs das Geheimnis von Freundschaft und mehr noch das von Liebe gelehrt haben. Anglophile werden über kolonial-nostalgische Interieurs wie in der fernöstlichen Suite des Star of the East oder im Victorian Room entzückt sein, ohne dabei auf ihren Whirlpool verzichten zu müssen. Dass das Geschmacksniveau Deutschlands seit 1985 riesige Sprünge nach vorn gemacht hat, merkt man an der etwas verzopften Laura-Ashley-Suite, unverwelkt frisch hingegen ist der Reiz des Türmchen-Zimmers mit vielbeneidetem Blick über die Dächer der Thermenmetropole. Reisehoheiten können sich in der beliebten Prinzen- oder Prinzessinnen-Suite aalen, japanische Musikaficionados gönnen sich gern die verspielte Mozart-Suite. Wer's nüchterner will, die geräumige Penthouse-Suite lockt mit elektrisch zu öffnendem Sonnendach, eigenem Kamin und lässiger Chaiselongue. Doch das erlesenste aller Zimmer, der wahre „Rosengarten" des Hauses, ist nicht zu mieten. Denn "Der kleine Prinz" wirbt ganz altmodisch kurorthaft damit, dass er seinen Gästen ein Bibliothekszimmer zur Verfügung stellt. Natürlich mit Petit-Prince-Zeichnungen von Saint-Exupéry. Das hat Stil. Besonders an einem Treffpunkt wie Baden-Baden, wo trotz gigantischen Kapital- und Jetonflusses die Kultur des raffinierten Müßiggangs überlebt, wo man gern beim Golfen oder Trabrennen, in der Trinkhalle oder im Festspielhaus entspannt. Genauso wie die gute Tradition, zum Frühstück – nach vielleicht durchspielter Nacht – nicht nur hausgemachte Konfitüre, sondern auch ein Glas Champagner zu reichen. Nicht der einzige edle Tropfen des Hauses. Wer die Bank gesprengt hat, kann zur tadellosen, französisch inspirierten Küche des Prinzen einen Château Petrus von 1955 ordern, wer's origineller liebt, lässt einen guten badischen Riesling entkorken.

Wer die Bank gesprengt hat, kann im Restaurant zur tadellosen, französisch inspirierten Küche des Prinzen einen Château Petrus 1955 ordern.

facts

Der kleine Prinz

D – 76530 Baden-Baden
Tel. 0049 (07221) 346600 – Fax 3466059
E-Mail: der-kleine-prinz@romantik.de

16 Zimmer, 15 Suiten, 2 Appartements

Ein Hotel für Gäste, die romantische Träume wahr machen wollen: begleitet vom Titelhelden des Märchens von Antoine de Saint-Exupéry.

Auch im Winter kann ein Aufenthalt im Fürstenhof, einem Backstein-Palais aus dem 17. Jahrhundert, zum Himmel auf Erden werden.

Fürstenhof

Celle - Deutschland

Die niedersächsische Landeshauptstadt Hannover ist noch immer ein weißer Fleck auf meiner Landkarte, vielleicht ändert sich das ja nach der Expo 2000. Dagegen fand ich nur knapp vierzig Kilometer nordöstlich von der norddeutschen Metropole ein Juwel mit unzähligen Sehenswürdigkeiten: Celle, eine der schönsten Residenz- und Fachwerkstädte Deutschlands.

Das geschlossene Altstadtbild mit wunderschön restaurierten Fachwerkhäusern des 16. bis 18. Jahrhunderts und unvergleichlichen Relikten aus der höfischen Zeit machen einen Besuch in dieser Stadt am südlichen Rand der Lüneburger Heide zu einem unvergesslichen Erlebnis. Wenn man dann noch im Hotel „Fürstenhof Celle“ mit dem Restaurant „Endtenfang“ residiert, kann der Aufenthalt zu einem Himmel auf Erden werden. Der Fürstenhof, ein Backstein-Palais aus dem 17. Jahrhundert, beschützt von mächtigen Kastanien, ist nur wenige Schritte von dem im Jahre 1292 erbauten Herzog-Schloss mit großem Park und der historischen Altstadt entfernt. Allerdings sollte man nicht verschweigen, dass gleich vor der Anfahrt mit Tiefgarage eine Hauptverkehrsstraße vorbeiführt.

Heute ist der „Fürstenhof“ wieder im Familienbesitz derer von Hardenberg, die sich in Gedenken an ihre einst hier lebenden Vorfahren des schon fast verfallenen Palais 1969 wieder annahmen. Sie schufen vor über dreißig Jahren ein Luxushotel, in dem sich der Stil und die Geschichte des alten Hauses mit den Wünschen der anspruchsvollen Gäste glücklich verbindet. Neben den traditionellen Einrichtungen wurde das Hotel laufend mit allen Annehmlichkeiten des modernen Komforts ausgestattet. Der fürstliche Charakter kommt schon im Foyer, dem Mittelpunkt des Palais, großartig zur Geltung. Antikes Mobiliar, wertvolle Perserteppiche und Gemälde alter Meister werden von Kerzen an filigranen

Ob in der rustikalen „Kutscherstube" oder im „Restaurant Endtenfang" mit einem Michelin-Stern: Überall wird höchste Qualität geboten.

Kristalllüstern in strahlende Pracht getaucht. Als meine Aufmerksamkeit auf die Barocktreppe mit aufwändigen Schnitzereien gelenkt wurde, kam ich gern dem freundlichen Angebot nach, mir doch einmal die Räume anzusehen, zu denen die Treppe führt. Dort befinden sich das „Tapetenzimmer" mit der von André de Vilette in aufwändigem Handdruckverfahren um 1825 in Madrid gefertigten Tapete und gleich daneben der „Blaue Salon" mit einer stark verzierten Stuckdecke.

Die sechsundsiebzig Zimmer und Appartements sind allerdings größtenteils in einem ziemlich nüchternen, moderneren Trakt untergebracht, der sich hinter dem Palais und einem ruhigen Gartenhof abseits der Durchgangsstraße versteckt. Mein Zimmer lag in einem Seitenflügel des Hauptgebäudes und unterhalb der Tiefgarageneinfahrt und obwohl ich sehr kritisch bin, konnte ich mich auch dort nicht über Lärmbelästigung beklagen. Die Einrichtung der Gästeunterkünfte ist komfortabel und klassisch modern. Auch der verwöhnte Gast wird nichts vermissen, was er in einer Edelherberge als selbstverständlich voraussetzt. Vielleicht ist meine kleine Enttäuschung zu verstehen, dass ich auch in den Zimmern fürstliches Interieur erwartet hatte. Der Dämpfer

wurde aber mit Champagner, frischem Obst, Blumen und morgens einer Tageszeitung vor der Tür kompensiert. Außerdem genoss ich ja auch sehr gern die modernen Annehmlichkeiten wie Hallenbad mit Sauna und Solarium.

Nachdem Andreas Schmitt siebzehn Jahre lang mit dafür verantwortlich war, dass die „Schweizer Stuben" in Wertheim nicht nur kulinarisch, sondern auch als Hotel als eine der ersten Adressen in Europa galten, leitet der engagierte und erfolgsorientierte Hotelfachmann heute den „Fürstenhof" mit seiner Gastronomie.

Das Restaurant „Endtenfang" ist nicht nur die kulinarische, sondern auch die optische Attraktion im Fürstenhof. Obwohl die Wände mit riesigen, gobelinartigen Landschaftsbildern etwas düster wirken, strahlt das Ganze mit seiner großzügig platzierten Möblierung und den überaus einladend gedeckten Tischen etwas fröhlich Mediterranes aus, das noch durch die helle freundliche Kleidung der Kellner und Kellnerinnen unterstrichen wird. Seit über zehn Jahren bürgt der Küchenchef Hans Sobotka für höchste Kreativität und Qualität bei bestmöglicher Zubereitung und sicher wird er sich auch nicht den Erfahrungen von Andreas Schmitt verschließen. Ich gebe dem „Endtenfang" meine persönlichen zwei Sterne, obwohl ein Michelin-Stern schon länger über dem Haus leuchtet. Selten habe ich so köstlich gebratene Gänsestopfleber mit karamellisierter Melone gegessen, habe bei einer Minestrone mit Edelfischen so geschwärmt und war von einem zarten Atlantik-Hummer so hingerissen. Am Nebentisch hörte ich, wie Gäste von der traditionellen Herzoglichen Entenvesper schwärmten und dass man unbedingt die originelle Bar im Kellergewölbe besuchen sollte. Außerdem bekam ich noch den guten Tipp, auf jeden Fall auch die „Kutscherstube" zu besuchen. Hier wurden mir typische norddeutsche Spezialitäten serviert. Außerdem genoss ich es als Münchner besonders, im Biergarten unter mächtigen Kastanien mit einem kühlen Weißbier auf das Wohl dieses kleinen Paradieses zu trinken.

facts

Fürstenhof Celle

D – 29221 Celle
Tel. 0049 (05141) 2010 – Fax 201120
E-Mail: furstenhof@relaischateaux.fr

71 Zimmer, 5 Suiten

Hotel in einem Adelspalais aus dem 17. Jahrhundert mit dem berühmten Restaurant „Endtenfang".

Schloss Eckberg

Dresden - Deutschland

Da fühlen sich auch Landesfürst und Landesfürstin wohl. Aus dem herzlich gehaltenen Grußwort des sächsischen Ministerpräsidenten Kurt Biedenkopf auf der ersten Seite des verführerischen Hotelkatalogs spricht Stolz und Freude, dass ein Juwel Dresdner Baukunst wieder in vollem Glanz erstrahlt. In der Tat ist Schloss Eckberg ein Aushängeschild der Elbstadt geworden.

Wer ein Foto der prachtvollen Anlage mit ausgedehntem Park im noblen Vorort Weißer Hirsch sieht, dürfte zunächst auf ein zum Hotel umgewandeltes „stately home" auf den Britischen Inseln tippen. Dabei handelt es sich eigentlich um eine gigantische historistische Kaufmannsvilla. Der Großkaufmann und Mäzen Johann Souchay ließ das Schloss 1859–61 ganz bewusst im damals bei britischen Bauherren beliebten Scotch-baronial-Stil errichten, der wegen seiner engen Anlehnung an Tudor-Bauten auch gerne als Mock-Tudor bezeichnet wird. Ganz Dresdner Lokalkolorit hingegen die Wahl des Architekten. Friedrich Arnold war Meisterschüler von Gottfried Semper, für dessen weltberühmte Oper die Rezeption auch bei schwieriger Buchungssituation für gewöhnlich noch Billets aufzutreiben weiß.

Schon die Ankunft ist große Inszenierung im Stil des 19. Jahrhunderts. Denn wer die Pförtnerloge und die Remisen passiert hat, darf sich erst einmal auf engem Sträßlein durch einen fünfzehn Hektar großen Park, einen „englischen Garten", an das Schloss heranpirschen. Hinter einem verwunschenen Teich mit Fontäne taucht dann das malerische Kleinod der Neugotik auf, gespickt mit Türmen und Erkern, voller unregelmäßiger Ecken und Winkel. Doch wer sich fürchtet, hier nun ganz in Ritternostalgie zu versinken, der sei beruhigt. Denn die Münchner Unternehmensgruppe Argenta, die 1994 das Anwesen übernahm, hat fünfundzwanzig Millionen Mark in die Restaurierung dieser Immobilie gesteckt und einen fantasievollen Italiener als Innenarchitekten engagiert. Danilo Silvestrin hat mit seinen dezent modernen Installationen dafür gesorgt, dass Schloss Eckberg nicht nur ein verstaubter Prachtbau ist.

Das richtige Händchen hat auch das engagierte Hoteliersehepaar Ursula und Joachim Herrmann, die mit Begeisterung die Gäste durch ihr Reich führen. Denn in solchem Ambiente trollt man sich nicht einfach von der Rezeption aufs Zimmer, sondern durchwandelt die Flure und Gärten. Hinter

Hinter einem verwunschenen Teich taucht ein malerisches Kleinod der Neugotik auf mit Türmchen, Erkern, unregelmäßigen Ecken und Winkeln.

Ein wahrer Traum ist die Speiseterrasse am Hochufer der Elbe. Es ist ein wunderschöner Platz, um Stunden der Muße zu genießen.

der runden Eingangshalle, die von einem wuchtigen Treppenaufgang beherrscht wird, locken nicht weniger als fünf exquisit im Stile des 19. Jahrhunderts eingerichtete Salons. Mehr als die original mit dunklem Holz getäfelten Wände beeindrucken die aufwändig geschnitzten Kassettendecken. Im Speisesaal mit schweren Eichenholztürrahmen, gotisierenden Goldlüstern und Kassetten, die an Kirchenfenster erinnern, hätte sich sicher auch der englische Prinzgemahl Albert wohl gefühlt. Doch der eigentliche Traum ist die Speiseterrasse am Elbhochufer. Eine Art blaues Wunder, wenn man auch die berühmte Brücke nicht sieht, sondern Kirchtürme hinter einer Elbschleife, deren Ufer verträumt ländlich geblieben sind. Ein Platz, um Stunden zu verbringen, vielleicht bei einer Flasche rassig-herbem Seuslitzer Riesling „Prinz von der Lippe".

Doch zunächst in die Schlosszimmer. Uniformität ist hier lediglich insofern angesagt, als fast überall üppig mit kostbaren hellen Vorhängen dekorierte Fenster schöne Ausblicke auf Dresden und die Sächsische Schweiz bieten. Ansonsten – Danilo Silvestrin sei Dank! – die perfekte Mischung aus Alt und Neu, in der auch der zeitgemäße Komfort nicht zu kurz kommt. Antiquitäten und eigens für das Hotel gefertigte Stilmöbel und modernste, farblich auf das Zimmer abgestimmte Marmorbäder mit stilsicheren Designerinstallationen. Wie der Schlossherr persönlich fühlt man sich in der Turmsuite Nummer 410, wenn man unter bombastischer goldener Stuckkuppel aus romantischem Erker auf die liebliche Elblandschaft blickt. Wer nicht in den Schlosszimmern, sondern im etwas großspurig so bezeichneten Kavaliershaus absteigt, spart zwar ein Drittel des Preises, aber geht auch des feudalen Flairs verlustig. Denn das lang gestreckte Gebäude im Park mit der schmächtigen Plexiglasvorhalle und den engen Dachgauben erinnert eher an eine AOK-Geschäftsstelle als an ein Luxushotel – mithin für einen DDR-Bau der 80er Jahre eine beachtlich moderne Nachahmung schmalbrüstiger bundesdeutscher Hässlichkeiten am Bau. Damals war Schloss Eckberg ein staatliches Jugendtouristheim, eine Epoche, von der noch einige Kunstwerke überlebt haben, so z. B. die Jahreszeitenstatuen im Weinkeller. Die Zimmer im Kavaliershaus sind freilich längst auf Topp-Standard gebracht und die ruhige Wohnlage mit Parkblick hat auch ihre Reize. Apropos einkehren. Die Qualität der Speisen vom Chef de Cuisine Jens Budde braucht sich hinter der Schönheit der Elbterrasse nicht zu verstecken. Denn hier legt man auch Wert auf unverwechselbare regionaltypische sächsische Identität der Speisen. Hier kommen neben leichten mediterranen Kreationen auch Köstlichkeiten wie Leipziger Allerlei aus Junggemüse oder selbst eingelegter Sauerbraten mit grünen Klößen auf den Tisch. Trinken Sie dazu einen Meissener von Schloss Wackerbarth.

Nahezu aus jedem Zimmer bieten sich faszinierende Ausblicke auf Dresden und die Sächsische Schweiz.

In Schloss Eckberg wird der Christstollen selbst gebacken und zum Osterarrangement kann man das Verzieren von Eiern in Wachstechnik nach alter sorbischer Tradition miterleben.

facts

Schloss Eckberg

D – 01099 Dresden
Tel. 0049 (0351) 80990 – Fax 8099199
E-Mail: email@hotel-schloss-eckberg.de

17 Schlosszimmer, 67 Zimmer im Kavaliershaus

Auf den Elbhöhen wie in einem englischen Herrensitz wohnen. Es muss ja nicht im Kavaliershaus sein.

Der Empfangsbereich strahlt hanseatische Distinguiertheit aus, die man sonst nur in einem großbürgerlichen Privathaus antrifft.

Louis C. Jacob

Hamburg - Deutschland

Das „Jacob“ an der weltberühmten Elbchaussee in Nienstedten, halbwegs zwischen Altona und Blankenese, war schon seit Generationen ein Fixpunkt der Hamburger Hotelgeografie. Seit die Familie Rahe/Schmittner 1991 das traditionsreiche, aber etwas heruntergekommene Anwesen samt dem Landhaus Dill und dem so genannten Holthusen gegenüber total sanierte, kann sich die Elbchaussee mit einem exquisiten Fünf-Sterne-Hotel schmücken. Mit berechtigtem Stolz würde der französische Emigrant Daniel Louis Jacques, der sich auf gut Deutsch Jacob nannte, heute auf seine 1791 eröffnete „Wirthschaft“ schauen.

Einerseits war ich glücklich, dass ich mehr durch Zufall von der stark befahrenen Prachtstraße auf Anhieb die Einfahrt zur Tiefgarage des Hotels in einer kleinen Seitenstraße fand, andererseits hätte ich die gepflegte Parklandschaft mit ihren hochherrschaftlichen Anwesen noch stundenlang genießen können.

So war ich bestens gestimmt, als mich ein gläserner Fahrstuhl zur Rezeption brachte, nachdem ich eine unterirdische, hell erleuchtete Promenade passiert hatte. Der Empfangsbereich strahlt stilvolle hanseatische Distinguiertheit aus, die man eigentlich nur in einem großbürgerlichen Privathaus erwartet. Unterstrichen wurde das vornehme Ambiente mit wertvollen Antiquitäten, Skulpturen, Hinterglasmalereien, kostbaren Gemälden und Stichen alter Meister. Doch auch moderne Kunst findet einen gebührenden Platz. Das beste Beispiel finden Sie in dem Besprechungsraum „Das Landschaftszimmer“. Die Ausstattung wird von zwei großen abstrakten Bildern des süddeutschen Malers Bernd Zimmer in kräftigen Gelb- und Blautönen beherrscht. Versäumen Sie nicht einen Bummel durch die beiden bildschön begrünten Innenhöfe; hier dient ein alter wuchtiger Steintisch malerisch als Auslaufbecken eines Springbrunnens.

Mit herzlicher Gastfreundschaft werden Sie nicht nur empfangen; rund um die Uhr kümmert sich ein hervorragend eingestelltes Team um Ihre Wünsche. Im Detail steckt das Wohlfühlen: Wo ist es heute noch selbstverständlich, dass Sie auf Ihrem Zimmer immer knackige Äpfel und frische Blumen vorfinden? Die sechsundachtzig Gästezimmer überzeugen durch zeitlose Eleganz und zurückhaltendes Design, egal, ob sie im Haupthaus oder in den

Dependancen liegen. Der hohe Qualitätsanspruch wird dadurch unterstrichen, dass Sie in Ihrem Refugium über ein ausreichendes Platzangebot verfügen, dass auf Eichendielen handgefertigte Teppichen liegen, dass antike Möbel mit eigens für das Jacob angefertigtem Mobiliar geschickt kombiniert wurden. In den begehbaren Kleiderschränken sorgen große Spiegel und Ablageflächen für Bequemlichkeit, sogar für aufgeklappte Koffer. Hochwertige Badezimmer in Naturstein, die mit sämtlichen Finessen des modernen Komforts ausgestattet sind, gehören zum hohen Standard. Wer Lust auf Gesellschaft hat, kann den Wellnessbereich mit Sauna, Solarium, Whirlpool und Ruhelandschaft aufsuchen. Möchten Sie in die Romantik eines „Spitzweg-Idylls" versetzt werden, buchen Sie ein nur über eine hölzerne Wendeltreppe erreichbares Mansardenzimmer. Oder wie wäre es mit einem Zimmer mit kleinem Balkon? Hier haben Sie den Blick in lauschige Gärten, Innenhöfe oder sogar auf die benachbarte Nienstedter Kirche. Für mich als „Südländer" war natürlich ein Zimmer mit Elbblick etwas ganz Besonderes. Wie von Geisterhand schienen in unregelmäßigen Abständen Überseeschiffe lautlos vor meinem Fenster vorbeigezogen zu werden. Es kostete einige Überwindung, mich von diesem faszinierenden Schauspiel zu lösen, denn draußen lud ein strahlend blauer Himmel zu einem Spaziergang an der Elbe ein. Doch bevor ich dort unten ankam, zog es mich auf die berühmte Lindenterrasse, die schon Max Liebermann 1902 auf verschiedenen Gemälden festhielt. Eines davon hängt heute im Foyer des Hotels und ein anderes in der Hamburger Kunsthalle. Dem prominenten Gast zu Ehren, gibt es im Haus auch ein liebevoll ausgestattetes Liebermann-Zimmer.

Die Lindenterrasse, hoch über der Elbe, hielt schon Max Liebermann 1902 auf verschiedenen Gemälden fest. Eines davon hängt heute im Foyer des Hotels.

Das Jacobs Restaurant hat sich schon nach kurzer Zeit zu einem viel gelobten Treffpunkt für Gourmets entwickelt, was sicher ein Verdienst der raffinierten Küche des Chefkochs Thomas Martin ist. Er kann seine Laufbahn mit so bekannten Namen wie „Aubergine", München, oder „Wald- und Schlosshotel Friedrichsruhe" in Öhringen schmücken. Seine Stärken sind eindeutig Fischgerichte und deren Saucen, aber auch das Deichlamm habe ich

Leger geht es in dem auf der anderen Straßenseite liegenden Weinlokal „Kleines Jacob" zu. Bei schönem Wetter sitzt man in einem romantischen Garten auf gemütlichen Korbsesseln.

selten in einer solch perfekten zarten Konsistenz gegessen. Nicht vergessen sei neben den kulinarischen Genüssen die einmalige Gestaltung des Raumes: hohe Glasflügeltüren mit Ausblick über die Lindenterrasse auf die Elbe, großartig restaurierte Wandgemälde, Stuckdecken, Kristalllüster und festlich gedeckte Tische.

Zünftig und leger geht es dagegen in dem auf der anderen Straßenseite liegenden Weinlokal „Kleines Jacob" zu. Hier können Sie den Köchen hinter einer Theke beim Zubereiten ihrer Grillspezialitäten zuschauen. Bei schönem Wetter kann man sogar in einem gemütlichen Garten sitzen. Der Eiskeller, ein meterhohes Ziegelgewölbe aus dem 18. Jahrhundert, das bei der Restaurierung zufällig entdeckt wurde, ist ein würdiger Ort, um den Abend mit einem Digestif oder einem Glas abgelagerten Rotspon ausklingen zu lassen.

facts

Hotel Louis C. Jacob

D – 22609 Hamburg
Tel. 0049 (040) 822550 – Fax 82255444
E-Mail: jacob@relaischateaux.fr

75 Zimmer, 11 Suiten

Hamburgs schönstes Hotel mit der rekonstruierten Lindenterrasse, deren Flair Max Liebermann in seinen berühmten Gemälden festhielt.

The Hempel

London - England

Schon in meinem Buch „Exklusive Paradiese" hatte ich mich als Bewunderer des gewagten Konzepts von Anouska Hempel im „Blakes Hotel" geoutet. Als ich Anfang 1997 hörte, dass die berühmte englische Designerin ihr zweites Hotel in London eröffnet hatte, war ein Aufenthalt in der britischen Metropole ein unbedingtes Muss.

Ohne Schwierigkeiten fand ich in unmittelbarer Nähe am nördlichen Hyde Park den Platz Graven Hill Gardens, aber keine Spur von einem Hotel. Es war ein typischer gehobener Londoner Vorortplatz mit hübsch aneinander gereihten, weißen Häusern im Georgian-Stil. Auch ein Passant konnte mir keine Auskunft geben, wo das Hotel „Hempel", geschweige denn der Hempel Garden Square zu finden sei. Allerdings war mir schon der außergewöhnliche Privatpark aufgefallen, der den Platz zierte. Typisch englisch waren der schmiedeeiserne Zaun und die künstlerisch geschnittenen Buchsgewächse. Dahinter aber eher fernöstliche Gartenkunst: Manikürte Rasenflächen mit drei kleinen, quadratischen Pools, alles in weiße Kieselsteine eingefasst, Liegestühle und kleine Tische aus naturbelassenem Holz, weiße Steinkugeln, große Weidenkörbe und wie Zinnsoldaten aufgereihte Pflanzenkübel. Dieser Platz veranlasste mich auch, mir eine Haustür gegenüber etwas näher anzusehen. Erst mit Brille entdeckte ich den dezenten, weißen Schriftzug: „The Hempel".

Wer das schwülstig dekorierte „Blakes" kennt, wird meine Überraschung verstehen, als ich einen Raum betrat, der lediglich mit einem weißen Orchideenfeld ausgefüllt war. Von hier kam ich in eine riesige, tempelartige Halle, die wie ein leeres, aus weißem Stein gehauenes Kunstwerk anmutete. Erst beim zweiten Hinschauen sah ich an den Wänden züngelnde Flämmchen, im Zentrum zwei große in den hellen Portland-Stein-Boden versenkte Sitzecken, hängende Wände, eine wie in den Himmel reichende Kuppel und, fast nicht zu sehen, eine dezent integ-

Die Kreation aus Licht und Schatten wird zu einer gelungenen Mischung aus Minimalismus und Meditation.

rierte Rezeption. Die kalte Pracht entpuppte sich als eine Kreation mit faszinierenden Spielen aus Licht und Schatten, eine gelungene Mischung aus Minimalismus und Meditation.

Lady Weinberg alias Anouska Hempel wusste auch bei der Einrichtung der achtunddreißig Zimmer und zwölf Suiten ihren ausgefallenen Geschmack richtig in Szene zu setzen. Jeder Raum ist ein Unikat und überzeugt mit Großzügigkeit, natürlichen Materialien und der Zusammenstellung der Farben. Selten habe ich so viele verschiedene Schattierungen zwischen Weiß und Naturhell gesehen. Sogar die Leinenstoffe, die Bett- und die Badewäsche sind auf die Farben der Einrichtungen abgestimmt. Eine moderne Definition von Luxus ist die Technik: drei Telefone, Faxgerät, Modem-Anschluss, Klimaanlage, Satellitenfernsehen, CD und Video. Eher ein Gag sind die Sauerstoffzerstäuber in den Minibars; denn in London habe ich noch nie an zu trockener Luft gelitten. Man muss allerdings auch bereit sein, in diesen Kunstwerken auf „spießige" Funktionalität zu verzichten. Da gibt es Räume ohne bequeme Sitzmöglichkeiten, da fehlt ein vernünftiger Arbeitsplatz und in einem anderen sucht man abends vergeblich nach einer Möglichkeit zum Lesen. Wer ausgefallenen Ge-

schmack und Räumlichkeiten in zeitgenössischem, fernöstlichem Design zu schätzen weiß, kann bei der Auswahl des Zimmers keinen Fehler machen. Zu meinen Favoriten zählten die Suite „502", die von dem prächtigen Wandgemälde „Der Kimono" beherrscht wird. Das Anthrazit der Umrandung dieses Kunstwerkes wiederholt sich im Parkettboden, in Couchen, Holzstühlen, Tischen und im Bad, sogar die Bettwäsche und Handtücher sind eine Komposition

Jeder Raum ist ein Unikat und überzeugt durch Großzügigkeit und natürliche Materialien. Schier unvorstellbar sind die verschiedenen Schattierungen zwischen Weiß und Naturhell.

aus grauen und weißen Farbtönen. Im Zimmer „Leo's Dan" hängt wie eine frei schwebende Bühne das Schlafzimmer über dem Wohnbereich. Doch keine Angst, der Boden der Konstruktion ist mit einem Gitter aus Edelstahlrohren fest in die Decke

verankert. Hier schwebt man beim Schlafen über einer dick gepolsterten Korbsesselgarnitur und hat aus den hohen Fenstern den freien Blick in den Park. Ein Reich aus bräunlichen Pastelltönen ist die „Karelia-Suite". In den beiden Schlafzimmern sind die Wandschirme und die deckenhohen Bettpfosten mit Rohleinen verkleidet. Unter zierlichen Nachttischen stehen helle Segeltuchkästen. Der Wohn- und Essbereich wirkt mit seinen überdimensionierten Sofas eher wie ein Salon zum Meditieren.

Hat man in dem einen Bad aus der frei stehenden Badewanne einen herrlichen Gartenblick, verblüfft das zweite Bad mit einer Dusche hinter einer weißen Mauer, die frei im Raum steht.

Für die sportlichen Gäste steht ein Fitnessraum mit großen Auswahl an modernsten Trainingsgeräten zur Verfügung. Leseratten ziehen sich gerne mit einem Zitronengrastee, sei es mit oder ohne Sake, in die Bibliothek zurück. Das köstliche Hempel-Frühstück kann man sich auch hier zu jeder Tages- oder, wenn gewünscht, auch Nachtzeit servieren lassen.

Auf durchsichtigen, glühend leuchtenden Treppenstufen geht es hinunter in das passend benannte „I-Thai"-Restaurant und in die „Shadow Bar". Für den „Speisetempel" wurde ein ehemaliger Chefkoch des „Oriental" in Bangkok verpflichtet. Mir schienen seine Kombinationen aus thailändischen, italienischen und japanischen Gerichten schon etwas gewagt. Gerade diese drei Küchen genieße ich gerne ohne fremde Einflüsse im Original.

facts

The Hempel

London, W2 3EA U.K.
31-35 Craven Hill Gardens
Tel. 0044 20.7298.9000
Fax 0044 20.7402.4666

41 Zimmer, 6 Suiten

Anouska Hempels minimalistisches Kunstwerk für Gäste mit ausgefallenem Geschmack.

Ein stilvoll restauriertes Tu Herrenhaus aus dem 15. Ja hundert beherbergt heute schönste Landhotel Engla und das beste Restaur des United Kingd

Le Manoir Aux Quat' Saisons

Great Milton - England

Mein erster Versuch, das Hotel und Restaurant „Le Manoir Aux Quat' Saisons" in Great Milton zu besuchen, war ein großer Reinfall. Es fing damit an, dass ich von London mit dem Auto bei strömendem Regen über zwei Stunden für die gut siebzig Kilometer brauchte. Der kleine Ort war auch nicht gerade dazu angetan, meine Stimmung zu heben, und die Landschaft kam mir ziemlich trostlos und langweilig vor. Als ich am Rande des Dorfes die Einfahrt zum Hotel entdeckte, konnte ich zwar nicht auf dem Absatz kehrtmachen, doch entnervt wendete ich das Auto Diese Schlammwüste mochte ich weder meinem fahrbaren Untersatz zumuten noch interessierte mich ein Haus, das nur nach großer Baustelle aussah. So fuhr ich lieber zum Sightseeing nach Oxford, das nur neunzehn Kilometer südöstlich von Great Milton liegt.

Zwei Jahre später, im Herbst 1998, machte ich mich noch einmal auf den Weg und musste meinen ersten Eindruck total revidieren. Jetzt lag dort ein stilvoll restauriertes, ländliches Tudor-Herrenhaus aus dem 15. Jahrhundert unter strahlender Sonne und auch die Landschaft schien sich in ein grünes, lieblich gewelltes Weideland verwandelt zu haben. Das so genannte „Le Manoir" hatte in Zusammenarbeit des Hausherrn Raymond Blanc und der bekannten Architektin Emily Todhunter eine aufwendige Renovierung und Erweiterung erfahren. Dabei wurde streng darauf geachtet, zeitgenössisches Design behutsam in das traditionsreiche Ambiente eines ehrwürdigen Gebäudes zu integrieren. Das Ergebnis wurde eines der schönsten Landhotels Englands.

Gourmets kennen selbstverständlich seit 1984 das Restaurant als europäische Spitzenadresse. Immerhin zählt Mister, excusez-moi, Monsieur Blanc aus Besançon zu den besten Köchen der Welt. 1996 kürte ihn der Gault Millau zur Nummer 1 des United Kingdom. Dass die Küche des großen Meisters zahlreiche Herrschaften zu Arbeitsessen verführt, durfte ich gleich bei meiner Ankunft erleben. Der kleine Empfangsbereich, die beiden Salons und die Bar waren von Gentlemen belagert, deren einheitlich dunkelblaue Garderobe vom Korpsgeist der britischen Gesellschaft kündet. Mir war es mehr als angenehm, nicht zu diesem wichtigen Kreis zu gehören; denn so konnte ich die Gartenterrasse allein genießen. Vor mir breitete sich ein fast elf Hektar großer Park aus. Auf einem ausgedehnten Spaziergang kam ich an wunderschön gestalteten Wassergärten vorbei, passierte große Gemüse- und Kräutergärten

Die Gästezimmer zeichnen sich durch schönsten englischen Landhauscharakter aus. Das Antik- und Stilmobiliar wurde geschickt mit allen Einrichtungen des modernen Komforts kombiniert. Die Räume tragen statt Nummern Blumennamen und die jeweilige Blume bestimmt dann auch die Dekoration.

(90 hauseigene Sorten!), einen japanischen Teegarten und bewunderte die dicht bepflanzten Terrassen des neuen Hoteltraktes „The Garden Wing". Heute hat das „Manoir" achtundzwanzig Gästezimmer. Da gibt es kleine, verwinkelte Zimmer mit schrägen Dachgauben, großzügige, klar geschnittene Grundrisse, große Suiten und originelle Junior-Suiten. Alle zeichnen sich durch schönsten englischen Landhauscharakter aus. Das Antik- und Stilmobiliar wurde geschickt mit allen Einrichtungen des modernen Komforts versehen. Die private Atmosphäre wird durch üppige, frische Blumensträuße und Karaffen mit Madeira-Wein ergänzt. Wer nicht gestört werden will, hängt eine rote Schleife vor die Tür, während ein grünes Gebinde freien Eintritt signalisiert. Die Räume tragen statt Nummern Blumennamen und die jeweilige Blume bestimmt dann auch die Dekoration des privaten Reiches. Nur bei der „Dove-Suite" machte man eine Ausnahme. Für jemanden, der keine Aversion gegen Tauben oder Rosatöne hat, kann dieses Refugium der Himmel auf Erden sein. Über zwei Stockwerke verteilt findet man eine Ansammlung von Tauben auf zartrosafarbenem Untergrund, seien es die Tapeten, die Stoffe der Tagesdecken, die Sessel und die schier unzähligen Zierkissen. Zum Glück sind die dunklen Dachbalken nur mit naturfarbenem Lack überzogen. Mir gefielen die hellen, freundlichen Zimmer im „Garden Wing" am besten, ganz zu schweigen von ihren privaten, lauschigen Gartenterrassen. Exklusives, romantisches Wohnen und Entspannung werden gekrönt von den Gaumenfreuden, die Fein-

schmecker aus aller Welt ins „Manoir" pilgern lassen. Seit fünfzehn Jahren strahlen über dem Haus zwei Michelin-Sterne. Es zeugt nicht gerade von unterentwickeltem Selbstbewusstsein, wenn Monsieur Blanc sagt: „Für mich ist das Kochen eine Ausdrucksform der Kunst. Es fordert alle Sinne, die Elemente der Erde, der See und des Feuers zu ergreifen und sie umzuwandeln in eine Palette von Formen und Geschmacksnuancen. Das Ergebnis ist kurzlebig, nur für den Moment geschaffen. Aber die Erinnerung bleibt immer." Große Worte, denen ich nicht widerspreche, nachdem mir sein „Menu Gourmand" zelebriert wurde. Es bestand aus sieben Gängen, deren exquisite Geschmackserlebnisse mir unvergesslich bleiben werden. Luxus à la française wie Gänseleber mit Serranoschinken und Trüffelvinaigrette, Wachtelei mit Trüffelravioli, Jakobsmuscheln oder Wildente mit hauseigenem Chicorée-Kraut. Obwohl ich bestimmt kein Meisterkoch bin und sicher auch keiner werde, hätte mich das ausgefeilte Kursprogramm der „Ecole de Cuisine" im „Manoir" schon gereizt. Immerhin verspricht der Schulleiter Alex Mackay, in vier Tagen die Begeisterung und Freude am Kochen der Kursteilnehmer in die Fähigkeit umzusetzen, fantastische Speisen zuzubereiten. Nach so viel leiblichen Wohlgenüssen möchte ich nicht versäumen, auf die sportlichen Aktivitäten in unmittelbarer Nähe des Hotels hinzuweisen: Es gibt Möglichkeiten zum Reiten, Angeln, Golfspielen, Tontaubenschießen und Croquet. Für Ausflüge bieten sich das gelehrte Oxford, die Merry-old-England-Hügellandschaft der Cotswolds, Windsor Castle, Blenheim Palace oder Waddesdon Manor an.

Ein fast elf Hektar großer Park lädt zu ausgedehnten Spaziergängen ein. Durch verwitterte Tore gelangt man in herrliche Gärten mit Blumenmeeren und romantischen Wasserläufen.

facts

Le Manoir Aux Quat' Saisons

Great Milton - Oxford, OX44 7PD U.K.
Tel. 0044 (01844) 278881 – Fax 278847
E-Mail: 4saisons@relaischateaux.fr

25 Zimmer, 7 Suiten

Ein Genuss ohne Reue: zu Gast im stilvoll restaurierten Herrenhaus aus dem 15. Jahrhundert bei Englands bestem Koch, Raymond Blanc.

Buckland Manor

Buckland - England

Das Bilderbuchstädtchen Broadway ist für jeden Besucher der Cotswolds ein absolutes Muss. So schieben sich meistens Menschenmassen durch die Hauptstraße und bewundern die märchenhafte Kulisse mit ihren schier unzähligen Kunstgalerien, Antiquitätenläden und Souvenirshops. Mittendrin steht hier das First-Class-Hotel „The Lygon Arms". Ungeniert und leider ungehindert durchwandert tagsüber „Glotzpublikum" das Haus und wird auch von den meisten der Hotelgäste gar nicht als so störend wahrgenommen, da die sich sowieso hier nur zu Meetings und Konferenzen aufhalten. Wir waren recht froh, dass wir dieses Haus der offenen Tür schnell wieder verlassen konnten.

Gleich hinter Broadway waren wir wieder inmitten der friedlichen Hügellandschaft der Cotswolds mit ihren endlos scheinenden Wiesen, auf denen unüberschaubare Herden von Schafen weiden. Nach nicht einmal fünf Kilometern erreichten wir das Örtchen Buckland. Hier liegt am

Hinter den Mauern des honig-farbenen Gebäudes verbreiten Salons mit wertvollen Antiquitäten und kostbaren Teppichen hochherrschaftliche Atmosphäre.

Individualität bestimmt die Einrichtung der Zimmer – allerdings auch die Größe. Zur Dekoration gehören alte Möbel, Bilder und üppig drapierte Stoffe.

Rande der kleinen Häuseransammlung das Hotel „Buckland Manor“. Das verwinkelte, honigfarbene Gebäude schmiegt sich geradezu in die herrliche Parklandschaft. Die Luft war erfüllt von verführerischen Düften, die Meere von Blumenbeeten verströmten. Wir konnten einfach nicht widerstehen und machten erst einmal einen Spaziergang durch den weitläufigen Hotelpark. Überall wechselten sich manikürte Rasenflächen mit riesigen, gezirkelten Blumenbeeten ab, ein Bachlauf mit kleinen Wasserfällen plätscherte gemächlich durch das Gelände und jahrhundertealte Bäume setzten imposante Akzente in dem gepflegten Gartenparadies.

Der Landsitz wird zum ersten Mal im 13. Jahrhundert urkundlich erwähnt. Erst 1982 wird das Haus in ein intimes, exquisites Hotel umgewandelt.

Unmittelbar hinter dem Empfang wird der Gast auf die gemütliche Atmosphäre eingestimmt. Da gibt es gleich drei Salons, die mit wertvollen Antiquitäten, alten Sesseln und kostbaren Teppichen eingerichtet sind. Selbstverständlich nimmt man hier seinen Tee vor einem offenen Kamin ein, kann dabei die alten Ölgemälde bewundern und den Ausblick in die Gärten und auf die romantische Hügellandschaft genießen. Schade nur, dass sich das ausgesprochen junge und unbedarfte Personal diesem gediegenen Stil nicht angepasst hat. Es kann schon passieren, dass Sie zwanzig Minuten auf Ihr Tässchen Tee warten müssen.

Alle dreizehn Gästezimmer sind Unikate. Individualität bestimmt die Einrichtung, allerdings auch die Größe. Auch hier finden Sie erlesene, alte Möbel, Bilder, Teppiche und üppig drapierte Stoffe. Ob die großen, bunten Blumenmuster, die sich teilweise auch noch in den Tapeten wiederholen, jedermanns Geschmack sind, möchte ich dahingestellt lassen. Aber das gehört wohl zum etwas zopfigen „englischen Landhausstil“. In den Zimmern stehen Schalen mit frischem Obst, Mineralwasser und Blumensträuße. Natürlich hängt in den Badezimmern ein flauschiger Bademantel. Nur Einzel-

Wer ist nicht wunschlos glücklich, wenn er neben allem Komfort auch noch über ein helles, feudales Badezimmer mit riesiger Fensterfront verfügt.

reisenden würde ich die Zimmer „Abbots“, „Green“ und „Summer“ zumuten; sonst können Sie bei der Auswahl Ihres Refugiums keinen Fehler machen. Mir gefielen der holzverkleidete „Oak-Room“, der „Fountain Room“ und der „Vaulted Room“ am besten. Wer hat nicht schon gerne viel Platz, einen offenen Kamin und ein prunkvolles Himmelbett? Wenn dann noch ein geräumiges, feudales Badezimmer hinzukommt, bin ich fast wunschlos glücklich. Auf dem Hotelgelände finden sportliche Gäste einen geheizten Swimmingpool, ein Croquetfeld, Tennisplätze und ein Putting-Green. Der nächste Golfplatz ist nicht einmal drei Kilometer entfernt und Wanderwege beginnen direkt vor der Haustür. Sollten Sie in der glücklichen Lage sein, Karten für das Shakespeare-Theater in Stratford-on-Avon ergattert zu haben: Mit dem Auto sind es nur dreißig Minuten bis zu „Coriolanus“, „Henry V“ oder dem „Merchant of Venice“.

Mit einem kulinarischen Genuss wartet danach der Küchenchef Ken Wilson auf Sie. Seine Küche wird seit Jahren mit einem Michelin-Stern ausgezeichnet. Da nimmt man sogar in Kauf, dass man in dem blau gehaltenen Esssalon des „Buckland Manor“ in tiefen Sesseln sitzt, die jeden Bissen von den hohen, runden Tischchen zu einem gewagten Balanceakt machen. Noch heute läuft mir das Wasser im Mund zusammen, wenn ich an die köstlichen Lammkoteletts in Rosmarinsauce denke und meine, die Sommerbeeren mit der hausgemachten Zimteiscreme auf der Zunge zu spüren.

facts

Buckland Manor

Broadway – Worcestershire WR12 7LY
Tel. 0044 (01386) 852626 – Fax 853557
E-Mail: buckland@relaischateaux.fr

13 Zimmer

Im 13. Jahrhundert zum ersten Mal erwähnt, seit 1982 intimes, exquisites Hotel im Herzen der malerischen Cotswolds.

Ein gemütlicher S
dient als Empfang.
erledigt man vor offe
Kamin und bei einem
Sherry die Formalit

Lords of the Manor

Upper Slaughter - England

Zuerst war es ein quietschender, zurückfahrender LKW, der mich unsanft weckte, dann hörte ich ständig Geklapper von Frühstücksgeschirr und danach meinten männliche Heerscharen, dass ihre wichtigen Gespräche nur schreiend durchzuführen seien. Ans Ausschlafen war morgens um sieben nicht mehr zu denken. Das Zimmer mit Ausblick auf Straße, Hotelküche und Innenhof war auch nicht gerade dazu angetan, meine Stimmung zu heben. In dem Hotel „Lords of the Manor" in Upper Slaughter bewahrheitete sich die Spruchweisheit: „Sei auf der Hut vor Anbauten." Es wäre unfair, das Hotel darum in meine „Tipps für meine besten Feinde" einzureihen; denn ich hätte ja bei der Buchung fragen können, ob alle Gästezimmer im Haupthaus sind, welche Aussicht mein Zimmer hat und ob das Hotel gerade an meinem Anreisetag voll ausgebucht ist. Also ließ ich meinen ganzen Charme spielen, als ich den jungen Direktor Shaune Ayers fragte, ob ich vielleicht in ein Zimmer im Haupthaus umziehen könne. Meine, ich muss zugeben, etwas geheuchelte Freundlichkeit zahlte sich aus: Ich bekam sogar ein Upgrade in eine Junior-Suite und erlebte das Hotel plötzlich total anders.

Zu Recht zählt die malerische Landschaft der Cotswolds in Mittelengland zu den reizvollsten Merry-Old-England-Feriengebieten und Nobel-Aussteiger-Revieren auf der Insel. Nirgends erscheinen die Wiesen so saftig grün, die dicht bewaldeten Täler so romantisch, die kleinen Städtchen so hübsch herausgeputzt und nirgends wirken die Dörfchen so idyllisch und verschlafen. Wer noch auf den Spuren der alten Römer wandeln will, besucht die alte Polo-Stadt Cirencester und versucht ihren Namen korrekt auszusprechen: Sisitter!

In Eyford, nur einen Kilometer von Upper Slaughter entfernt, ließ sich Mitte des 17. Jahrhunderts John Milton zu seinem Epos „Paradise Lost" inspirieren. Nicht so bekannt ist vielleicht eine Chronik des 18. Jahrhunderts, „The Diary of a Cotswold Parson", von F E B Witts, First Lord of the Manor. Ich habe mir mein Unwissen jedenfalls nicht anmerken lassen, als ich erfuhr, dass der außergewöhnliche Name des Hotels auf den adligen Hochwürden zurückgeht und dass er hier vor zweihundert Jahren sein großes Werk verfasste. Das Anwesen „Lords of the Manor“ versteckt sich hinter einer wuchtigen, grauen Steinmauer und erst wenn man ein schweres Eisentor durchfahren hat, sieht man den Landsitz mit seinen idyllischen Park- und Gartenanlagen vor sich liegen. Empfangen werden Sie gleich im Salon, wo Sie vor offenem Kamin auch die lästigen Formalitäten erledigen. In dieser hochherrschaftlichen Atmosphäre lässt man sich gerne auf einen erholsamen Aufenthalt einstimmen. Überall stehen Antiquitäten und dick gepolsterte Sitzmöbel, an den Wänden hängen alte Familienporträts der Witts und aus den Fenstern haben Sie den bukolischen Ausblick auf Wiesen und einen kleinen See. Wie bereits oben erwähnt: Buchen Sie gleich eines der „Old Rectory Bedrooms“, eine „Junior-“ oder eine „Mastersuite“. Allein wegen des Ausblicks sind diese Unterkünfte ihren Mehrpreis wert. Hinzu kommt noch die echt antike Möblierung, die trotzdem keinen Wunsch nach Komfort offen lässt. Sogar die Bäder in dem alten Haus sind sehr großzügig und wohnlich und es fehlt natürlich nicht an den neuesten sanitären Einrichtungen. In meinem neuen Refugium entdeckte ich dann auch einen großen Korb mit frischen Früchten, die obligatorische Karaffe mit Sherry, Mineralwasser, schier unzählige Hochglanzmagazine und fand morgens die Tages-

Buchen Sie gleich eines der „Old Rectory Bedrooms“, eine „Junior-“ oder eine „Mastersuite“. Allein wegen des Ausblicks sind diese Zimmer ihren Mehrpreis wert. Hinzu kommt noch die echt antike Möblierung, die trotzdem keinen Wunsch nach Komfort offen lässt.

zeitung vor meiner Tür – einfach schön, dieser britische Standard. Selbst in England habe ich selten ein so vorzügliches Frühstück bekommen. Es ließ mich neugierig werden auf den jungen, hochgerühmten Koch des Hauses. Und wahrhaftig, das Essen war ein absoluter Genuss. Das abgestandene Vorurteil, die englische Küche sei ungenießbar, widerlegt Robert-Clive Dixon endgültig überzeugend mit seiner modernen englischen Landküche. Vom Michelin wurde er dafür mit einem Stern ausgezeichnet. Ich wünsche dem Meister nur, dass ihm beim nächsten Tester die unbedarfte Bedienung keinen Strich durch den Stern macht.

Im Hotelrestaurant wird das alte Vorurteil, die englische Küche sei ungenießbar, endgültig und sehr überzeugend widerlegt.

Für den aktiven Urlauber gibt es eine große Auswahl an Freizeitangeboten. Man kann mit einem Spaziergang durch den Park und die Gärten des Hotels anfangen. Wer mag, kann Croquet spielen, sich beim Fischen erholen oder sein Glück auf dem Rücken eines Pferdes suchen. Golfer finden den nächsten Platz nicht einmal fünf Kilometer entfernt. Oder entdecken Sie einfach das Dörfchen Upper Slaughter in der Ruhe der Mittagszeit. Wenn gerade keine Autos durch den kleinen Ort knattern, scheint es, als sei die Zeit vor hunderten von Jahren hier stehen geblieben. Wenn Sie sich anschließend auf der Terrasse im „Lords of the Manor" vom Küchenchef verwöhnen lassen, können Sie den feudalen Glanz Großbritanniens voll auskosten und sich dabei als fürstlicher Gast fühlen.

facts

Lords of the Manor

Upper Slaughter – Cheltenham – Gloucestershire GL54 2JD
Tel. 0044 (01451) 820243 – Fax 820696
E-Mail: lordsofthemanor@btinternet.com

27 Zimmer, davon 6 Junior-Suiten

Auch wer die Chronik „The Diary of a Cotswold Parson" von F E B Witts, First Lord of the Manor, nicht kennt, kann hier herrliche Ferientage mit kulinarischen Highlights in einem romantischen Landhotel verbringen.

The Chesterfield Hotel

Palm Beach - Florida

Als Geheimtipp hatten uns Freunde aus Miami das „Chesterfield Hotel" in Palm Beach empfohlen. Allerdings hatten sie verschwiegen, dass die Insel Palm Beach eine Art Mickey-Mouse-Enklave ist, die wohl hauptsächlich für alte und sehr gut betuchte Leute gedacht ist.

Von Miami sind es mit dem Auto eineinhalb Stunden, bis man eine der Brücken über den schmalen Lake Worth erreicht, der das lang gestreckte Eiland von Palm Beach vom Festland von Florida trennt. Hier kommt man automatisch auf den South Ocean Boulevard, der schier endlos an kitschigen Villen und Appartementhäusern vorbeiführt. Einmal sieht man in manikürte Parkanlagen so etwas wie Neuschwanstein eingebettet, dann kommt ein nachgebautes Notre Dame, als nächstes eine rosarote Hazienda oder es verkriechen sich trutzige Burgen unter windzerzausten Palmenwedeln. Zwischen diesen Feudalresidenzen haben sich drei große Luxushotels und riesige, uniformierte Wohnanlagen angesiedelt, deren besondere Zierde kunstvoll gestaltete Vorgärten sind. Noch nie habe ich so viel zu Kitschfiguren verunstaltete Bäume und Büsche gesehen. Menschen, die nicht in Autos sitzen, sind hier etwas sehr Exotisches. Nur den kilometerlangen Sandstrand an der Atlantikküste hat man naturbelassen und hier sieht man auch Menschen im Freien ohne Auto.

Dort, wo die Insel etwas in die Breite geht, ist das beschauliche Zentrum von Palm Beach mit einer der teuersten Einkaufsmeilen der Welt, der exklusiven Worth Avenue. Es gibt wohl keinen italienischen, französischen oder amerikanischen Edeldesigner, der hier nicht seine Boutique hat. Nur einen Steinwurf von diesen noblen Nachbarn und drei Häuserblocks vom Atlantischen Ozean entfernt, findet man als adäquate Unterkunft das „Chesterfield Hotel".

Von außen wirkt das dreigeschossige Haus eher unprätentiös. Eigentlich fallen nur ungezählte weißrot gestreifte Jalousien auf, die wie Eiscremehütchen an dem zarten Rosé der Rauputzfassade

Nur einen Steinwurf von einer der teuersten Einkaufsmeilen der Welt und drei Häuserblocks vom Atlantik entfernt, findet man diese zartrosafarbene Unterkunft. Eigentlich fallen nur ungezählte weißrot gestreifte Jalousien auf, die wie Eiscremehütchen an der Fassade kleben.

hängen. Zuerst kommen wir durch einen romantischen Innenhof, in dem runde Caféhaustischchen mit blütenweißer Tischwäsche festlich eingedeckt sind. Die Lobby, in gelben, sonnengetränkten Farben, betreten wir durch die Flügel einer Schwingtür. Mitten in dem Empfangssalon thront eine Dame hinter einem antiken Tisch und scheint nur darauf gewartet zu haben, uns zum Einchecken in zwei King-Size-Sessel platzieren zu dürfen. Umgeben sind wir von gewaltigen Sitzgruppen, großen Vasen mit üppigen Blumengebinden und Terrakottakübeln, aus denen herrliche Orchideen herauswachsen. Bevor wir in unser privates Reich entlassen werden, lädt man uns zu einem kleinen Rundgang ein. Zuerst kommen wir in die Bibliothek und erfahren, dass dieser holzgetäfelte Raum mit schweren Ledersitzmöbeln das Lieblingszimmer von Oscar de la Renta ist. Schräg gegenüber lockt der Duft von Zigarren in den Rauchsalon, der mit echten Gemälden von Winston Churchill aufwartet und deshalb auch den Namen des britischen Staatsmannes trägt. Dann bemerken wir etwas irritiert, dass die offene Bar, ein als Leoparden-Lounge bezeichneter Raum

Ein wunderschön begrünter Innenhof mit einem gepflegten Swimmingpool, der von Liege- und Restaurantterrassen eingerahmt wird, war nicht nur für uns eine angenehme Überraschung, auch Stammgäste wie Lady Margaret Thatcher, Catherine Deneuve oder Rod Stewart sollen begeistert gewesen sein.

mit einer Tanzfläche, in ein überdimensioniertes Restaurant übergeht. Man muss schon den amerikanischen Entertainment-Geschmack haben, um diesen nahtlosen Übergang schön zu finden. Hatten wir uns gerade von den vielen Leopardenmustern erholt, leuchtete uns von den wandhohen Fenstern knallroter Brokat entgegen, überaus theatralisch drapiert. Farblich war darauf ein abstruses Deckengemälde abgestimmt, auf dem man nackte Nymphen erkennen sollte. Allein diese geschmacklichen Frivolitäten sind einen Besuch wert, ganz zu schweigen von dem gemischten Publikum an der Bar, in der Leoparden-Lounge und im Restaurant. Apropos Publikum: Lady Margaret Thatcher wird zu den Stammgästen gezählt und auch anderen Berühmtheiten wie Catherine Deneuve oder Rod Steward soll es hier sehr gut gefallen haben.

Eine äußerst angenehme Überraschung ist ein wunderschöner, begrünter Innenhof mit einem gepflegten Swimmingpool, der von Liege- und Restaurantterrassen eingerahmt wird. Genauso angetan waren wir von den großartigen Gästezimmern. Jedes der vierundfünfzig privaten Refugien, davon elf Suiten, ist ein Unikat und überzeugt durch Großzügigkeit und Komfort. Zum Glück hat die Besitzerin, eine Dame aus Südafrika, hier nur sehr wenig von ihrem heimatlichen Touch, sprich Leopardenmuster, mit eingebracht. Die Einrichtung ist eher eine Reminiszenz an „cosy old England“: Lady Ashley lässt mit bunten Blumenmustern grüßen. Jetzt verstand ich auch, weshalb sämtliche Fenster neben aufwändig drapierter Gardinen noch mit Jalousien ausgestattet waren: die teilweise antike Möblierung und die edlen Stoffe mussten gegen die gleißende Sonne Floridas geschützt werden. Wir konnten uns zusätzlich natürlich noch mit einer individuell zu regelnden Klimaanlage schützen. Zur Jahrtausendwende hatte man dem ganzen Haus eine aufwändige Renovierung angedeihen lassen.

So konnten wir die gerade aufgefrischte pastellfarbene Pracht in vollen Zügen genießen und uns über technische Einrichtungen freuen, die wahrhaftig auf Millenniums-Stand sind. Jedes Zimmer hat jetzt ein modernes, elegantes Marmorbadezimmer, das mit sanitärem Komfort genauso überzeugt wie mit kleinen Annehmlichkeiten, seien es exquisite Pflegeartikel, flauschige Frotteeartikel oder kraftvolle Haartrockner. Wem die komfortablen Zimmer nicht reichen, mietet sich eine der Suiten, in denen es zwei getrennte Marmorbäder gibt. Wer dann noch mehr Luxus, Stil und Eleganz braucht, mietet die luxuriöse Penthouse-Suite. Eigentlich ist das „Chesterfield“ mehr als ein Hotel, es ist auch eine Bühne, auf der jeder sein eigenes Stück inszenieren kann. Ausgefallene Komparsen und exotische Kulissen stehen kostenlos zur Verfügung.

Ausnahmsweise ohne Leopardenmuster kommt der romantische Innenhof aus, wo runde Caféhaustischchen mit blütenweißer Tischwäsche festlich eingedeckt werden.

facts

The Chesterfield Hotel

Palm Beach, Florida, 33480 U.S.A.
Tel. 001-561-659.5800 – Fax 659.6707
E-Mail: chesterpb@aol.com

43 Zimmer, 11 Suiten

Glamourhotel mit viel Leopardendesign, nicht nur für Florida-Schickeria – auch für gut betuchte Europäer, die in teurer, ozeannaher Wohngegend residieren wollen.

Saint James Paris

Paris - Frankreich

Großer Auftritt in Paris: Da fallen einem meistens die Hotels „Ritz", „Crillon" oder „Bristol" ein. Dabei hat die französische Metropole kleine, versteckte Alternativen zu bieten, die mit diesen berühmten Häusern keinen Vergleich zu scheuen brauchen. Nur ein paar Minuten vom Arc de Triomphe, dem Eiffelturm und den Champs-Elysées entfernt, wartet ein authentisches Stück Frankreich auf seine Gäste: das Hotel „Saint James Paris". Der Palast mit seinem kleinen Park verbirgt sich wie ein verwunschenes Märchenschloss mitten im Straßengewirr des 16. Bezirks an der Avenue Bugeaud, die sich zwischen der turbulenten Avenue Foch und der eleganten Avenue Victor Hugo verkriecht.

Vor über hundert Jahren wurde das Gebäude in Gedenken an Adolphe Thiers, den Präsidenten der französischen Republik von 1871 bis 1873, gebaut. Die Thiers-Stiftung bot hier besonders begabten Studenten Frankreichs ein nobles Privatinternat. Im Jahr 1986 kaufte eine britischer Geschäftsmann das neoklassizistische Château und führte es als traditionellen Londoner Herren-Club. 1991 ging das Haus in den Besitz einer französischen Familie über, die es nach aufwändigem Umbau in eines der edelsten Hotels in Paris um-

Nur Hotelgästen ist die Bibliothek mit der gemütlichen Piano-Bar vorbehalten. Hier kann man beim Stöbern in alten Büchern die Zeit vergessen.

Angenehm berühren den Gast die Großzügigkeit des Raums, die modernen Möbel und die gewagte Kombination von Karos und Streifen.

wandelte. Dabei möchte ich nicht unerwähnt lassen, dass dieser Familie, die ungenannt bleiben möchte, noch zwei weitere Hotel-Juwelen in Paris gehören: das „Pavillon de la Reine" und das „Relais Christine".

Hier ist man aufrichtig entzückt, was sich im Häusergewirr hinter einer imposanten Grundstücksmauer verbirgt: eine wunderschön gepflegte, fast englisch anmutende Gartenanlage mit großem Springbrunnen scheint in die große Metropole verpflanzt worden zu sein. Beherrscht wird die absolut ruhige Oase von der hellen Fassade des Palastes, dessen hohe Sprossenfenster mit üppigen Geranien geschmückt sind. Wahrhaftig eine geheimnisvolle, exklusive Schönheit, die sich da im Wasser des Brunnens spiegelt.

In der Lobby fühlt man sich spontan wohl: lichtdurchflutete, großzügige Eleganz und ausgefallene Einrichtung im mondänen Art-déco-Stil. Eine prächtige Treppe nimmt fast die ganze linke Seite der Halle ein und führt zu den achtundvierzig Zimmern in den beiden Etagen des Hauses.

Wer bei den Gästeunterkünften schwülstig pariserische Innendekoration und räumliche Enge vermutet, wird erstaunt die Großzügigkeit, die modernen Möbel und die strengen Muster der Stoffe vermerken. Selten habe ich so gekonnt und erlesen gemischte, zarte Farbkombinationen von Karos und Streifen gesehen. Für den aufgefrischten Art-déco-Stil zeichnet übrigens die Designerin Andrée Putman verantwortlich. Neben viel Liebe zum historischen Detail fehlt es nicht an den Annehmlichkeiten des modernen Komforts. Besonders gut gefielen mir die zehn Maisonette-Suiten im ersten Stock. Oft sind in Pariser Palästen die Badezimmer klein, dunkel und hässlich. Im „Saint James Paris" hat man herrliche große, freundliche Badezimmer. Es gibt zwei

Wer erwartet schon in einem ehrwürdigen Pariser Stadtpalais einen hypermodernen, perfekt ausgestatteten Health-Club mit Gym, Sauna und Jacuzzi?

Waschbecken und viel Licht. Reminiszenzen an die Jahrhundertwende sind edel geformte, alte Armaturen und zarte sonnengetränkte Stofftapeten an den Wänden. Der Wintergarten unter dem Dach ist ein echter Clou. Wer erwartet hier schon eine tropische, grüne Hölle, in der überdimensioniertes Korbmobiliar zum Entspannen einlädt. Genauso überraschte mich der hypermoderne, perfekt ausgestattete Health-Club mit Gym, Sauna und Jacuzzi.

Nur für Hotelgäste ist die holzgetäfelte Bibliothek mit gemütlicher Piano-Bar offen. In diesem Schmuckstück kann man die Zeit nicht nur bei einem Drink vergessen, sondern auch beim Stöbern in ungezählten alten Büchern. Für Fremde „off limits" ist auch das vornehme Restaurant. Immense Flügeltüren leiten von der Bibliothek in den vornehmen Gastraum mit einer herrlichen Gartenterrasse. Chefkoch Alain Cirelli lässt hier ein vorzügliches Frühstück servieren und animiert schon damit die Hotelgäste, sich auch abends mit einem ausgezeichneten Dinner von ihm verwöhnen zu lassen.

Doch das Tollste ist: Im „Saint James" kann man für Pariser Verhältnisse noch zu einem relativ gemäßigten Preis logieren.

facts

Saint James Paris

F – Paris 75116
Tel. 0033 (0) 1 44058181 – Fax 44058182
E-Mail: stjames@club-internet.fr

48 Zimmer

Wunderschöne, kleine, exquisite Alternative zu den Pariser Hotelflaggschiffen „Ritz", „Crillon" oder „Bristol".

In der Halle empfängt den Gast lichtdurchflutete Eleganz.

Les Crayères

Reims - Frankreich

„Beim Bordeaux denkt man an Dummheiten, beim Burgunder sagt man Dummheiten und beim Champagner macht man Dummheiten", war die Meinung von Jean Anthelme Brillat-Savarin (1755–1826), der seine Feinschmeckerei in funkelnde Pointen zu gießen wusste. Zum Glück bin ich kein großer Freund von Champagner und deshalb machte ich mir auch wegen der Dummheiten keine Sorgen, als ich durch den wunderschönen Naturpark der Montagne du Reims fuhr, wo man förmlich das Champagnerprickeln in der Luft spürt. In Reims, dem Zentrum der Champagne, hieß mein Ziel „Les Crayères", das Drei-Sterne-Haus von Elyane und Gérard Boyer. Ihr Hotel-Schlösschen im Stil Ludwig XVI. steht inmitten eines sieben Hektar großen Parks und beherbergt auch eines der elegantesten und berühmtesten Restaurants der „Grande Nation". Maître Boyer zelebriert hier die klassische französische Küche. Aus der ganzen Welt pilgern seine

Jünger in das Château aus dem 18. Jahrhundert. Durch ein Säulenportal betrete ich das cremefarbene Haus, das ein bisschen wie ein antiker Tempel wirkt. In der Halle umgibt mich lichtdurchflutete Eleganz, die von einer prächtigen Treppe mit persischem Teppichläufer und alten Porträts beherrscht wird. Eine Empfangsdame führt mich in einen Wintergarten, der als verspielter Salon mit einer englisch gestylten Bar eingerichtet ist und einen wunderschönen Ausblick auf den romantischen Park freigibt. Hier begrüßen mich Madame und Monsieur Boyer, natürlich mit der obligatorischen Flûte Champagner, an der ich zur Feier des Tages sogar nippe. Wir sitzen auf voluminösen Korbsesseln, umgeben von üppig drapierten Schabracken, poliertem Messing und Möbeln aller Stilrichtungen. Die Dame des Hauses lässt es sich nicht nehmen, mich persönlich durch ihr Reich zu führen, und bringt mir in einem bezaubernden Englisch ihr Haus näher.

Das Hotelschlösschen beherbergt eines der elegantesten und berühmtesten Restaurants der „Grande Nation". Maître Boyer zelebriert hier die klassische französische Küche. Aus der ganzen Welt pilgern seine Jünger in diesen Fresstempel mit stuckverzierten Wänden in zartem Gelb.

Die sechzehn Zimmer und drei Suiten entsprechen dem Stil des Hauses: klassisch französisch oder englisch. Die Einrichtung lässt keinen Wunsch nach Komfort offen und auch modernste Technik stört nicht die fürstliche Atmosphäre der Räume. Hingerissen bin ich von den mit ungewöhnlichen Finessen eingerichteten Badezimmern. Da sind Wände und Decken mit zartgemusterten Tapeten bezogen. Vor riesigen Fenstern hängt edles Brokat, auf einem antiken Sekretär steht ein frischer Blumenstrauß und neben gülden gerahmtem Spiegel und Bild hängt ein goldfarbener Kerzenleuchter. Keine Angst, sich waschen und duschen kann man hier auch. Genuss und Lebensfreude sind sicher für reisende Gourmets die Hauptgründe, die Champagne, Reims und die Boyers zu besuchen. Reims bietet Kunst, Kultur und die berühmtesten Champagnergüter der Welt. Im gepflegten Schlosspark kann man ausgedehnte Spaziergänge machen, Sonnenstunden auf dick gepolsterten Liegen verbringen oder ein Match auf dem versteckten Tennisplatz einlegen. Je nach Plaisir „vacances dynamiques" oder „státiques".

Am Abend versetzt mich schon das Studium der Menükarte in Champagnerlaune und ganz gegen meine Gewohnheiten trinke ich das schäumende Vergnügen als Aperitif. Noch in der Bar lasse ich mich von Monsieur Werner beraten, welcher Wein am besten zu meinem Menü passt. Der gebürtige Kölner, seit über zwanzig Jahren Sommelier und Hausfaktotum, hat volles Verständnis dafür, dass ich bei den dreiundfünfzig Seiten der Weinkarte irgendwann die Übersicht verloren habe. Danach werde ich in das Restaurant geleitet. Die selbstverständliche Eleganz des Raumes ist einfach wohltuend, ja prickelnd erregend. Die stuckverzierten Wände in zartem Gelb haben Überhöhe. Runde Tische, eingehüllt in edles gelbes und weißes Leinen, sind höchstens für zwei Personen festlich eingedeckt. Feinstes Porzellan, Silberbestecke und hauchzarte Gläser werden von altmodischen Kerzenlämpchen mit gelben Schirmen beleuchtet. Neben mir deklamiert ein Kellner meine Menüfolge mit dem Aplomb eines Hofmarschalls. Ich nicke nur vor sprachloser Ehrfurcht und fühle mich zur Contenance verpflichtet. Mir wird klassische französische Küche mit leicht mediterranem Anhauch wie Edelfischfilets in Sellerie-, Birnen- und Auberginenkompott serviert, Kochkunst, die über jeden Zweifel erhaben ist. Die einzelnen Gänge sind die Solisten in einem Chor der Superlative.

Die Gästezimmer entsprechen dem Stil des Hauses: klassisch französisch oder englisch. Die Einrichtung lässt keinen Wunsch nach Komfort offen.

facts

Les Crayères Gérard Boyer

F – Reims 51100
Tel. 0033 (0) 3 26828080 – Fax 26826552
E-Mail: crayeres@relaischateaux.fr

16 Zimmer, 3 Suiten

Im Zentrum der Champagne verwöhnen Gérard Boyer, einer der besten Köche Frankreichs, und seine charmante Frau Elyane anspruchsvollste Gäste in ihrem prunkvollen Château aus dem 18. Jahrhundert.

Hotel Byblos

Saint-Tropez - Frankreich

Die Côte d'Azur ist immer noch eine der absoluten Traumküsten Europas, obwohl auch hier der Massentourismus einige hässliche Flecken hinterlassen hat. Wenn Sie den Trubel um Nizza und Cannes meiden und sich auch nicht gerade die heißen Sommermonate für Ihre Reise in den Süden Frankreichs aussuchen, können Sie noch entspannende Urlaubstage in dieser herrlichen Landschaft verbringen. Gerade in der Vor- und Nachsaison lässt das weltberühmte Saint-Tropez mit seiner nach Norden ausgerichteten Lage und seinem fast unwirklichen Licht noch heute erahnen, warum Signac, Matisse und viele andere Maler immer wieder hierher zurückkamen.

Obwohl nur einen Steinwurf vom Zentrum Saint-Tropez' entfernt, bildet das im Stil eines levantinischen Mittelmeerdorfes gebaute „Hotel Byblos" unterhalb der trutzigen mittelalterlichen Zitadelle

Obwohl nur einen Steinwurf vom Zentrum entfernt, bildet das im Stil eines levantinischen Mittelmeerdorfes gebaute Hotel unterhalb der Zitadelle eine friedliche Oase. Hinter dicken, roten und ockerfarbenen Hauswänden wird dem Gast provenzalisches Lebensgefühl der Luxusklasse geboten.

eine idyllische und friedliche Oase. Terrassen mit Olivenbäumen, Palmen und üppigen Bougainvillen, Innenhöfe und Gärtchen unterstreichen den Charme des in kräftigen Bonbonfarben angestrichenen Hotels.

Im Jahre 1967 eröffnete der Libanese Gay Para mit dem phönizisch benannten „Byblos“ das erste First-Class-Hotel in Saint-Tropez. Hinter dicken, ocker- und rotfarbenen Hauswänden mit blauen Fensterläden wird dem Gast provenzalisches Lebensgefühl der Luxusklasse geboten. Sie befinden sich in bester Gesellschaft, wenn Sie sich vom „Byblos“ begeistern lassen. Immerhin bescheinigten Königin Sophie von Spanien, Cher, Oprah Winfrey und viele andere, dass sie hier eine angenehme Unterkunft fanden. Der Service ist sehr bemüht, den Gästen jeden Wunsch von den Augen abzulesen, nur einige muffige Restaurant-

Nach einer kompletten Renovierung, die 1999 abgeschlossen wurde, glänzt das „Byblos" wieder als Glamour-Adresse in Saint-Tropez. Das Facelifting macht sich auch bei den Badezimmern sehr angenehm bemerkbar. Selbst auf engstem Raum wurde einfach alles an sanitärem Komfort untergebracht.

kellner scheinen des Lesens nicht mächtig zu sein. Nach einer kompletten Renovierung, die 1999 abgeschlossen wurde, glänzt das „Byblos" wieder als Glamour-Adresse in unmittelbarer Umgebung des Zentrums von Saint-Tropez.

Die zweiundfünfzig Gästezimmer und fünfundvierzig Suiten wurden umgestaltet und behielten ihre individuelle Ausstattung. Wenn Sie keine zu großen Ansprüche an Platz und Helligkeit stellen, sind die Räume heute durchaus komfortabel und gemütlich. Das für diese südfranzösische Region typische rustikale Mobiliar käme natürlich in großen, hellen Zimmern besser zur Geltung. Auch in den Badezimmern und separaten Toiletten, deckenhoch mit matt glänzender Keramik gefliest, wurde auf engem Raum alles an sanitärem Komfort untergebracht. Die Ausstattung ist erstaunlich elegant, modern und zweckmäßig. Ein Tipp: Weisen Sie bei Ihrer Reservierung darauf hin, dass Sie ein Zimmer mit Balkon wünschen; denn hier können Sie sich morgens mit einem unvergesslichen Erlebnis auf den Tag einstimmen: noch von leichtem Morgennebel eingehüllt, liegt Saint-Tropez mit seiner Bucht in voller Pracht vor Ihnen. Ein großer Innenhof wird von einem Swimmingpool, eingerahmt von gemütlichen Terrassen, beherrscht. Bequeme, dick gepolsterte Liegestühle unter Sonnenschirmen laden zum Nichtstun ein. Fitnessbewusste Gäste quälen sich erst im Gym-Raum mit vielen technisch ausgereiften Geräten, um sich anschließend im türkischen Bad, in der Sauna oder bei einer Massage entspannen. Gerne sorgt der Concierge dafür, dass Ihnen in unmittelbarer Nähe des Hotels ein Tennisplatz reserviert wird, dass Sie auf einem der nahe gelegenen Golfplätze abschlagen oder Ihr Glück auf dem Rücken eines Pferdes suchen können.

Wer nicht schon mittags an den Tischen am Pool lunchen will, sollte auf jeden Fall einen Tisch im Hotelrestaurant „Le Byblos“ für abends reservieren lassen. Meisterlich zubereitete Gerichte, die von der Frische und der Authentizität der provenzalischen Cuisine bestimmt werden, sind die Spezialitäten des Chefkochs. Im Hotel kann man auch ohne den Rummel von Saint-Tropez den Abend in der Lounge Bar oder im Bistro „Le Relais des Caves“ beschließen. Wem das nicht reicht, geht zu DJ Jack E in die berühmte „Les Caves du Roy“, die noch immer als die Discothèque mit dem höchsten Promi-Flirtfaktor an der Côte gilt. Kate Moss und Naomi Campbell hotten hier ebenso ab wie die Altrocker Rod Stewart und Johnny Halliday oder die Monacofürstenkinder.

Im großen Innenhof wird der Swimmingpool von Liegeterrassen eingerahmt. Mittags isst man hier gut beschirmt auf einer separaten Veranda.

facts

Hotel Byblos

F – St.-Tropez 83990
Tel. 0033 (0) 4 94566800 – Fax 94566801
E-Mail: saint-tropez@byblos.com

52 Zimmer, 45 Suiten

Mitten im Zentrum von Saint-Tropez und doch absolut ruhig: In dem komplett renovierten Hotel im Stil eines Mittelmeerdorfes wohnt man wieder wie „Gott in Frankreich“.

Kivotos Club Hotel

Mykonos - Griechenland

Mykonos wird zu einer überwältigend romantischen Kulisse, wenn man beim Morgengrauen an der Hafenpromenade steht: hinter sich die pittoreske, weiß getünchte Häuserzeile und vor sich die Fischerboote, die die Bucht verlassen und in das dunkelblaue Wasser des Ägäischen Meeres auslaufen. Das weiß-blaue Griechenlandambiente ist in ein fast mythisches Licht getaucht. Man kann gar nicht anders, als sich von diesen fast unwirklichen Farben und der einzigartigen Stimmung berühren zu lassen. Sonst ist die ziemlich kahle Felseninsel Mykonos nicht gerade wegen der Schönheit ihrer Landschaft Anziehungspunkt für Leute aus aller Welt. Die Attraktion beruht vielmehr eher auf dem Exotischen und Extremen, oder wie eine Freundin sagte: „Mykonos ist Symbol für drei berühmte s: sun, sea, sex." Letzteres gilt besonders für das tabufreie Strandleben und ein aufregendes Nachtleben, wobei es keine Rolle spielt, ob sich Heteros oder Homos amüsieren wollen. Moralapostel, Natur- und Kulturliebhaber sowie Ruhesuchende sollten um die Insel besser einen Bogen machen.

Wir fühlen uns im luxuriösen „Kivotos Club Hotel" schon sehr privilegiert; denn es scheint, als sei der Massentourismus Welten entfernt. Das Haus liegt

Die minimalistisch eingerichteten Zimmer sind eigentlich nur zum Schlafen gedacht. Sommergäste halten sich sowieso nur im Freien auf.

Weit ab von den Trubelstränden genießt man tagsüber die Ruhe der Hotelanlage. Wie Gott auf Mykonos fühlt man sich bestens umsorgt an der Poolbar.

absolut ruhig oberhalb der idyllischen Bucht von Ornos, bis Mykonos-Stadt sind es vier Kilometer auf einer kurvenreichen Straße. Von der Poolterrasse führen Treppen direkt zum Meer und der Sandstrand von Ornos ist nur dreihundert Meter entfernt. Das Hotel besteht aus schlichten weißen Kuben im Kykladenstil, die terrassenförmig angeordnet sind. Ihr einziger Schmuck sind blaue Fensterläden. Im Kontrast zu der schlichten Bauweise stehen die Außenanlagen mit Apollo-Marmorflair, Säulen, Bruchsteinmauern und nachempfundenen antiken Skulpturen. Drinnen vermittelt das leuchtende Weiß der Wände, Decken und Böden lichtdurchflutetes, sonniges Flair. Der unglaubliche Stilmix des Interieurs im Empfang und den Gesellschaftsräumen wird dadurch abgemildert, dass auf alles Überladene verzichtet wurde. Da stehen weiträumig verteilt auf hellem Marmor Empire-Möbel, schweres griechisches Landhausinventar und zeitlose Sitzmöbel. Auf die Antike wird mit ungezählten Säulen, Mosaiken, Fresken und Skulpturen hingewiesen. Luxus, modern levantinisch interpretiert. Sehr minimalistisch sind die vierzig klimatisierten Gästezimmer, davon zehn Suiten, eingerichtet. Das erste uns zugedachte Doppelzimmer verließen wir unter Protest. So wörtlich wollten wir Kivotos, das griechische Wort für Arche, nun auch nicht nehmen. Wenn Noahs Kahn den Tieren nur enge Ställe bieten konnte, mag das verständlich sein, aber in einem luxuriösen Clubhotel will ich nicht in einer notdürftig eingerichteten „Abstellkammer" wohnen. Das nächste Zimmer bot wenigstens etwas mehr Bewegungsfreiheit, obwohl auch hier alles sehr karg war. Vielleicht meinen die Besitzer, Sommergäste halten sich sowieso nur zum Schlafen in ihren Unterkünften auf und deshalb reicht ein Minimum an Komfort. Wer auf großzügiges und bequemes Wohnen Wert legt, sollte sich eine Suite mieten. Auch im Sommer gibt es tagsüber Stunden, zu denen man sich gerne in ein komfortables, privates Reich zurückziehen möchte. Auf Mykonos gibt es nämlich einen berüchtigten Wind, den Meltemi, und der kann auch im Sommer manchmal ganz schön unangenehm und wild um

Großzügiges Ambiente findet man auf den Terrassen rund um den Meerwasserpool. Mittags werden hier knackige Bauernsalate und Fischgerichte serviert.

die Häuser fegen. Großzügiges Ambiente finden wir auf der Terrasse rund um den Meerwasserpool. Wir liegen gut beschirmt auf gewaltigen, dick gepolsterten Holzliegen. Trotz strahlenden Wetters gehört uns die Anlage fast ganz allein. Gerne überlassen wir den anderen Gästen die Trubelstrände von Mykonos. Wir lassen uns lieber von den freundlichen Bedienungen der Poolbar verwöhnen und genießen Sonne, See und Ruhe. Mittags gibt es knackige Bauernsalate und köstlichste Fischgerichte, die uns an kleinen Tischen serviert werden.

Unten am winzigen Privatstrand liegt ein Paddelboot und wir können nicht widerstehen, eine Tour durch die Ornos-Bucht zu machen. Nach der Exkursion werden wir als Sportenthusiasten verkannt und kommen nicht umhin, uns das Fitness-Center, die Sauna und den Squashcourt zeigen zu lassen. Als besondere Attraktion preist man die fünfundzwanzig Meter lange, hoteleigene Segelyacht „Prince de Neufchatel", die nur den Hotelgästen zur Verfügung steht. Echte Rolls-Royce-Motoren, die den aufwändigen Nachbau eines amerikanischen Schoners von 1812 antreiben, haben freilich ihren gesalzenen Preis.

Abends versuchen die Hotelrestaurants „Le Meduse" und „Mare" mit einer Mixtour aus griechischer, französischer und italienischer Küche die Gäste im Hotel zu halten. Bei uns klappte das nur einmal, denn in Mykonos-Stadt findet man eine schier unausschöpfliche Auswahl an guten Restaurants. Außerdem ist man näher am wilden Nachtleben.

facts

Kivotos Club Hotel

Ornos Bay – Mykonos 84600 GR
Tel. 0030 (0) 28924094 – Fax 28922844
E-Mail: kivotos1@hol.gr

30 Zimmer, 10 Suiten

Viel Trubel auf Mykonos, dem „Ibiza" der Kykladen. Ruhe und Erholung in einem luxuriösen Clubhotel. Aber Vorsicht: Auch die Suiten sind sehr minimalistisch eingerichtet.

Zu Recht gilt die Landhausküche im „Tinakilly House" als kulinarischer Höhepunkt; besonders hervorzuheben sind das Wicklow-Lamm und das Irish Breakfast.

Tinakilly House

Rathnew - Irland

In seinem irischen Tagebuch notierte Heinrich Böll: „Es gibt dieses Irland! Wer aber hinfährt und es nicht findet, hat keine Ersatzansprüche an den Autor.“ Auch wenn der Nobel-Guru der deutschen Irlandschwärmerei dabei eher an strohgedeckte Inselcottages und verräucherte Torffeuerpubs gedacht hat als an viktorianische Herrenhäuser der einst allmächtigen und elitären „protestant ascendancy“, so ist doch „Tinakilly House“ mit seinem faszinierenden „Old-World-Charme“ ein Refugium altirischer Gastfreundschaft geblieben.

Man erreicht dieses verschwiegene Luxushotel auf einer knapp einstündigen, landschaftlich höchst reizvollen Fahrt von Dublin Richtung Süden. Denn Dublins Hausberge, die über der Küste der Irischen See aufwachsen, die Wicklow Mountains, sind eine Art Bilderbuchirland. Dicht bewaldete Berghänge, farnbestandene Hochmoore, Schafherden auf weiten Hochplateaus, dunkle Bergseen, romantische Wasserfälle und dazwischen winzige hell gestrichene Cottages, deren Gärten von Fuchsien, Phlox und blauer Bleiwurz geradezu überquellen. Gestüte und Wollmühlen mit uralten Handwebstühlen, Country Inns und spinöse Antiquitätenläden.

Schließlich erreicht man Rathnew, einen kleinen Vorort des bekannten Badeortes Wicklow. Und wundert sich vielleicht, wenn man zum ersten Mal die eher schmucklose, graue Fassade des Manour Houses sieht, die wenig vom angekündigten Victorian splendour ahnen lässt. Dafür sind die Surroundings umso reizvoller. Eine uralte Eichenallee führt zu gepflegten Parkgärten, in der Ferne blauen bizzarre Bergrücken und an der Küstenlagune der Irischen See lockt weißer Strand und ein unberührtes Vogelschutzgebiet.

Die graue Maus entfaltet schnell ihren nostalgischen inneren Charme, sobald man die Hall betritt. Kann sein, dass ein spießiger Hilton-Hotelmanager bei ihrem Angriff sofort die Flucht ergriffen hätte: Nirgends ein livrierter Page, der dem Gast den Koffer aus den Händen reißt, nirgends Telefongebimmel, kein piepender Computer, geschweige denn Concierge- oder Rezeptionslogen. Dafür absolute Stille in einem gediegenen, über zwei Etagen hohen Raum mit Deckenfresken, einem offenen Kamin aus Carrara-Marmor, antiken Möbeln, behaglichen Sitz-

ecken, aufwändig geschnitzter Treppe, die zu einer eindrucksvollen Galerie führt. Ein Klavier steht als Gentleman-Utensil einer vergangenen Epoche herum. Überall weisen Gemälde und Gegenstände auf nautische Themen hin. Sie gehen auf Fregattenkapitän Robert Halpin zurück, der Tinakilly Ende des 19. Jahrhunderts in großzügigem Stil errichten ließ. Seine jüngste Tochter Belle lebte hier mit ihrer Haushälterin bis in die frühen 50er Jahre. Danach stand das Haus viele Jahre leer, weil in der katholischen Republik Irland die Paläste der ausbeuterischen Brits nicht gerade in Mode waren und weil die öfter gesichteten Schlossgespenster von Belle Halpin und ihrer greisen Haushälterin manchen Käufer abschreckten.

Nicht so die Jesuiten, die in dem Riesenhaus Sommerexerzitien abhielten und es dabei so gründlich exorzierten, dass moderne Feriengäste nur mehr selten von den Halpinschen Geistern gepiesackt werden. 1982 übernahmen dann William und Beel Power (ein schöner Whiskey-Nachname!) das Landhaus und schlachteten die Ghost-Story wirtschaftlich aus. Denn das Agatha-Christie-Ambiente des Hauses bietet das perfekte Setting für die bei Jung und Alt beliebten Ghost-and-murder-Weekends, bei denen Sie selbst Opfer oder Detektiv spielen dürfen. Eine recht britische Idee, die auch auf die zahlreichen Empire-Nostalgiker von der Nachbarinsel unter den Hausgästen abzielt.

Damit zu den Räumen, von denen viele direkt auf den Park gehen. Das Ehepaar Power hat es verstanden, die anheimelnde Atmosphäre des viktorianischen Ambientes zu pflegen. Denn jedes der Zimmer ist ein Unikat und bewahrt den Charakter von Tinakilly und die Erinnerung an Kapitän Halpin: Von einem englischen Kloster wurden sämtliche Türen und Architrave erworben und eingebaut. 274 alte Ölbilder mit Seeszenen wurden in Amsterdam erworben: Alle Räume tragen den Namen berühmter Schiffe. Reizvoll auch die Großzügigkeit der Zimmer und der Meer- oder Gartenblick. Selbstverständlich fehlt inmitten der antiken Möbelierung nicht die Annehmlichkeit modernen Komforts. In den Suiten Great Eastern und Great Western nächtigt man z. B. in historischen Himmelbetten, hat aus drei Eckfenstern

Das Agatha-Christie-Ambiente des Hauses bietet das perfekte Setting für die beliebten „Ghost-and-murder-Weekends“, bei denen man Opfer oder Detektiv spielen darf.

Blick auf die Irische See und kann am offenen Kamin vor sich hin träumen oder Oscar Wilde lesen. Von nicht weniger als hundertzwanzig professionellen und sehr freundlichen dienstbaren Geistern umsorgt, fällt es nicht schwer, die entspannte Umgebung zu genießen.

Spaziergänge durch die Gärten mit farbenfrohen Blumenbeeten, Dachs- und Fuchspfaden führen zu einem Tenniscourt, einem Putting-Green und einem Croquetfeld. **Ausflüge** führen zum Park von Powerscourt mit gigantischem Wasserfall, Bulldoggenfriedhof und japanischem Garten und zur frühchristlichen Klostersiedlung von Glendalough, wo der heilige Kevin recht ungemütlich monatelang auf einem Bein im eiskalten Seewasser stehend fastete. Danach freut man sich besonders auf die Küche von Tinakilly House. Chefkoch John Moloney setzt auf einheimische Produkte, z. T. aus dem eigenen Garten, und ist für seine Landhausküche mit Wicklow-Lamm, Wild, Fisch und Kräutern zu Recht prämiert worden. Denn das Tinakilly gilt in Sachen Full Irish Breakfast, Lamm und Weinliste als Instanz. Danach kommt man bei einem Glas zehnjährigen Bushmill-Whiskey an der alten Holztheke der Bar mit den anderen Gästen des Hauses ins Plaudern.

facts

Tinakilly House

Rathnew, Co. Wicklow IRL
Tel. 00353 (0404) 69274 – Fax 67806
E-Mail: wpower@tinakilly.ie

13 Standardzimmer, 10 Himmelbettzimmer, 25 Juniorsuiten, 5 Kapitänssuiten

Nautische Themen beherrschen das Haus, das sich ein Fregattenkapitän im 19. Jahrhundert bauen ließ. Heute begeistern „Geist-und-Mörder-Wochenenden“ die Gäste in dem gepflegten Landhotel.

„Dromoland Castle" entspricht genau den disneyartigen Vorstellungen, die man von einer irischen Märchenburg

Dromoland Castle

Newmarket-on-Fergus - Irland

Einer der Höhepunkte jeder Irlandreise ist ein Besuch im County Clare, ganz im Westen der Insel, wo sich das Land gleichsam dramatisch in den Atlantik stürzt. Im Vergleich zu anderen Gegenden Irlands findet man hier besonders viele Burgen, Schlösser und Herrenhäuser. Ganz offensichtlich wusste bereits die hauchdünne Oberschicht der angloirischen Gentry die schroffe Schönheit der Landschaft und das milde Klima zu schätzen. In diesem Umfeld kann man natürlich nicht in einem modernen, zweckmäßigen Hotelbau logieren, da sollte es schon eine historische Burg sein. Wir hatten für unseren Aufenthalt „Dromoland Castle“ gewählt, das bei der kleinen Ortschaft Newmarket-on-Fergus liegt und besonders bei Amerikanern wegen seiner Nähe zum Shannon Airport beliebt ist.

Als wir in die ausgedehnten Parkanlagen des heutigen Hotels einbogen, hatten wir das Gefühl, man müsse die Augen sich erst an die unzähligen Grüntöne gewöhnen lassen: Nicht umsonst schwärmt ein altes irisches Volkslied von vierzig „shades of green“. Wir folgten einer prächtigen Auffahrt mit alten, mächtigen Eichen und sahen dahinter Wiesen, die sich bis zum Horizont erstreckten. Plötzlich tauchte ein massives, schlossähnliches Bauwerk vor uns auf, das über dem Nebel eines Sees zu schweben schien. „Dromoland Castle“ entsprach genau den disneyartigen Vorstellungen, die wir von einer Märchenburg hatten. Um das Gewirr aus runden und eckigen Türmen, verschieden hohen Trakten und unzähligen Kaminen richtig bestaunen zu können, legten wir am Ufer des Sees erst einmal eine Rast ein. Als gut informierte Reisende hatten wir uns schon vorher mit der Geschichte des Gebäudes befasst: Eine der trutzigen Burgen aus dem 15. Jahrhundert war Sitz der königlichen Familie O'Brien, direkten Nachfahren von Brian Boro, Irlands High King im 10. Jahrhundert. Im Jahre 1736 bekam Dromoland eine zweite Burg und 1826 wurden die beiden Burgen mit dem heutigen Hauptgebäude verbunden. 1962 kaufte ein amerikanischer Industrieller mit irischen Vorfahren das Anwesen und ließ es von Grund auf restaurieren und in ein

Luxushotel umwandeln. Der achtzehnte Baron of Inchquin, Conor Myles O'Brien, lebt heute noch hier und macht sich als Aufseher über ein umfangreiches Sportprogramm nützlich. Vielleicht hätten wir nicht gleich vom Parkplatz aus die nächste Eingangstür benutzen sollen; denn so standen wir in einem dunklen, ungastlichen Raum, den ein wuchtiger Holztisch mit vier Stühlen beherrschte. Zwei hässliche Ritterrüstungen waren wohl zur Abschreckung vor die Wand gestellt worden; denn wir entdeckten ziemlich spät, dass es neben ihnen eine dezent versteckte Durchreiche in der kolossalen Wand gab. Ein Blick in diese Öffnung zeigte uns einen unansehnlichen Büroraum, in dem Angestellte aufgeregt herumwuselten. Inzwischen waren wir etwas vertrauter mit dem irischen Service und fanden uns damit ab, dass so etwas eine Rezeption sein sollte. Der Weg in unsere Unterkunft entschädigte uns dann für den „herzlichen" Empfang. Jetzt kamen wir auch in die richtige Eingangshalle. In ihrer roten Pracht bewunderten wir jahrhundertealte Porträts, gemütliche Sitzecken und einen riesigen Kronleuchter. Von hier ging es in die gewaltige „Kincora Hall", an deren kathedralhohen Wänden Banner irischer Fürstengeschlechter hingen. Durch riesige Fenster strömte das Tageslicht in den Saal und brachte die antike Möblierung noch besser zur Geltung. Daneben gab es kleine, intime Salons und eine getäfelte Bibliothek, die in eine gemütliche Bar umgewandelt worden war. Überall sahen wir unter vergoldetem Stuck wertvolle Antiquitäten, alte Gemälde mit fürstlichen Hoheiten, mit Brokatstoffen üppig drapierte Fenster und sogar bei Tapeten und Spiegeln wurde nicht an der Vergoldung gespart. Eine weitläufige Gemäldegalerie ist nur den Porträts der O'Brien's gewidmet. Jedes der achtundfünfzig Zimmer und siebzehn Appartements inspiriert zu fürstlichen Fantasien. Einige beeindrucken durch herrliche Geräumigkeit und aufwändige Einrichtung, andere überzeugen auch auf weniger Platz durch urgemütliche Atmosphäre. Die Interieurs der Zimmer brauchen keinen Vergleich mit den Salons und den Hallen zu scheuen. Der Gast kann zwischen Seeblick oder Ausblick auf den Golfplatz wählen und verfügt selbstverständlich auch über alle Annehmlichkeiten des modernen Komforts, den man in einem zeitgemäßen Luxushotel voraussetzt.

In der Dunkelheit scheint es, als schwebe das schlossähnliche Bauwerk über dem See und die mächtigen Baumwipfel seien bauliche Verzierungen.

Mein Lieblingszimmer ist die romantische Maisonette-Suite mit einem weißen Traumbadezimmer. Aus der runden Whirlwanne hat man durch ein Turmfenster einen wunderschönen Ausblick auf den See. Da kann man schon mal vergessen, dass außerhalb der gotischen Fenster ein riesiges Angebot für die Freizeitgestaltung wartet: Da gibt es direkt vor der Tür den „Dromoland Golf und Country Club" mit dem malerisch angelegten Achtzehn-Loch-Golfplatz; es steht Ihnen ein Gesundheits- und Fitness-Center mit Anwendungen aller Art zur Verfügung. Im „The Fig Tree Restaurant" oder in der „Green Room Bar" können Sie übers Golfen fachsimpeln. Stundenlang sind wir durch die Parkanlagen mit ihren zauberhaften Blumengärten gewandert, vergaßen die Zeit in idyllischen Pavillons, schauten beim Croquet zu und überlegten, ob wir noch ein Tennismatch einlegen sollten. Wer mag, kann sein Glück auf dem Rücken eines Pferdes suchen oder sich am See beim Fischen entspannen. Auch wenn das Angebot im Hotel „Dromoland Castle" fast unausschöpflich ist, sollte man einen Ausflug zu den nahen, dramatisch steilen „Cliffs of Moher" unbedingt einplanen. Vielleicht haben Sie Glück und erspähen sogar Puffins – orangeschnäblige Papageientaucher. Das Hotelrestaurant ist zwar sehr elegant und vornehm, doch ich würde mich über das Essen der Aussage eines amerikanischen Ehepaares anschließen: „Nothing to write home about." Probieren Sie's lieber mit einem Irish Coffee. Der ist schließlich sozusagen um die Ecke in den 30er Jahren auf dem Shannon Airport erfunden worden. Der Barkeeper päppelte mit dieser Kreation aus starkem Kaffee, starkem Whiskey (!) und irischer Cream sogar total erschöpfte Amerika-Ankömmlinge wieder auf.

Die urgemütlichen Zimmer inspirieren zu fürstlichen Fantasien und brauchen den Vergleich mit den prächtigen Salons und Hallen nicht zu scheuen.

facts

Dromoland Castle

Newmarket-on-Fergus, Co. Clare IRL
Tel. 00353 (06) 368144 – Fax 363355
E-Mail: Dromolan@Dromoland.ie

58 Zimmer, 17 Appartements

Fürstlich logieren in einer historischen Burg an der Fergus-Mündung. Direkt vor der Tür gibt es den „Dromoland Golf and Country Club" mit malerisch angelegtem Golfplatz.

Hotel Hassler

Rom - Italien

Stilvoller kann man römisches Flair nicht erleben als am oberen Ende der Spanischen Treppe. Denn das „Hotel Hassler" schaut von oben auf diese Lieblingsattraktion der Römer und Romtouristen, der Maler, Fotografen, Poeten und Modelle. Obwohl man in Rom nicht zentraler wohnen kann, scheint man von der pulsierenden Innenstadt Welten entfernt zu sein. Zeitraubende Taxifahrten kann man sich sparen; denn von hier sind es nur wenige Schritte zu den zahlreichen, weltberühmten Sehenswürdigkeiten der Metropole am Tiber. Nicht zu vergessen, dass die Spanische Treppe fast direkt in die noble Einkaufsmeile Via Condotti führt, wo mir wie weiland schon Goethen das „Caffé Greco" die liebste Adresse ist.

Viele berühmte, treue Gäste erweisen dem traditionsreichen Hotel und der passionierten Schweizer Hoteliersfamilie Wirth immer wieder ihre Reverenz. Heute leitet Roberto E. Wirth den über hundert Jahre alten privaten Besitz schon in der dritten Generation. In seinem „Goldenen Buch" kann er auf die Widmungen unzähliger prominenter Gäste hinweisen: Königsfamilien aus Schweden, Griechenland oder England; die amerikanischen Präsidenten Dwight D. Eisenhower, John F. Kennedy und last, but not least, Elizabeth Taylor oder Madonna. Vom distinguierten Portier problemlos vom fahrbaren Untersatz befreit, wird man in den Empfangsbereich geleitet, kann man abschalten und sich ganz in die Obhut professioneller und charmanter Grandseigneurs begeben, die hier Rezeptionist, Concierge oder Kellner sind. Sofort fühlt sich der Gast geborgen wie „in Abrahams Schoß". Leise Pianoklänge lockten mich erst einmal in die etwas verplüschte, aber sehr sympathische Pracht der Eva-Salons. Von hier kann man einen Blick in die holzgetäfelte „Hassler-Bar" werfen, die jedem exklusiven englischen Club zur Ehre gereichen würde. „Signore, Sie müssen unseren berühmten Palmengarten sehen und bewundern", sprach der Barkeeper. In einem kühlen Innenhof mit weinberankten Mauern und antiken Statuen war ein Drink an der Sommerbar ein wahrhaft erhabenes Erlebnis. Außerdem konnte ich dort eine einmalig weiche Luft genießen, die Meere von Blumen und der benachbarte Park der Villa Medici verströmten. Doch was ist das alles gegen den Panoramablick in Hasslers Dachrestaurant im sechsten Stock des Hauses. Die ewige Stadt liegt einem in all ihrer antiken Herrlichkeit

Im Dachrestaurant liegt einem Rom in all seiner Herrlichkeit direkt zu Füßen.

Im kühlen Innenhof, dem so genannten Palmengarten, kann man mittags in himmlischer Ruhe den Lunch einnehmen. Die einmalig weiche Luft, die Meere von Blumen und der benachbarte Park der Villa Medici verströmen, kann man auch bei einem Drink an der Sommerbar genießen.

direkt zu Füßen. Man schaut auf die Spanische Treppe, den Petersdom, das Pantheon, das kapitolinische Monument von Vittorio Emanuele und ungezählte römische Paläste. Besonders morgens, wenn die Silhouette der Stadt noch unter leichtem Morgennebel verschleiert ist, möchte man die einzigartige Stimmung festhalten und nie wieder loslassen. Des Schreibers Höflichkeit schweigt lieber zu den kulinarischen Eindrücken in diesem atemberaubenden Paradies: „nothing to write home about". Aber Italienkenner sind sowieso eher überrascht, wenn Hotelrestaurants wirklich gut sind. Zum Glück gibt es in Rom genügend Trattorien und Osterien, die ausgezeichnete italienische Küche servieren – und den Herren abends nicht Jackett und Krawatte vorschreiben.

Überall im Hause blieb der Charme eines Grandhotels aus guter, alter Zeit unangetastet, obwohl die Ausstattung und der Komfort immer auf dem neuesten Stand gehalten wurden und keinen Wunsch anspruchsvollster Gäste offen lassen. Die fünfundachtzig großzügigen Zimmer und fünfzehn Suiten haben alle einen individuellen Charakter. Dort sind Tromp l'Œils, Mosaiken und Fresken schmückendes Beiwerk, hier hängen aus dem 19. Jahrhundert venezianische Spiegel und Kronleuchter und da steht Kristall und Porzellan aus Limoges. Man schläft in großen, bequemen

Betten, über deren Kopfenden schwenkbare Nachtlämpchen angebracht sind, die wunderbar zum ungestörten Lesen geeignet sind. In vielen Zimmern laden Balkone zum Genießen der faszinierenden Aussicht ein. Auch in den Badezimmern ist alles auf modernste Bequemlichkeit hin eingerichtet. Sanitärer Luxus, wohin man schaut. Es müssen ja nicht unbedingt Armaturen sein, die, wie in den Suiten, mit 23-karätiger Auflage vergoldet sind. Apropos Suiten: Das sind hier Orte von besonderem Zauber mit herrlichen Dachterrassen, die wie losgelöst über dem Häusermeer und dem Park der Villa Medici zu schweben scheinen. Wer mag, kann direkt neben den Glockentürmen der Barockkirche Trinità dei Monti in der Penthouse-Suite logieren. Man residiert dann inmitten von viel Rosenholz, an den Wänden hängen Originalgemälde aus der Tizian- und Tintorettoschule und die Möbel sind echte Louis-XIV-Stücke. Unvergessliche Eindrücke vermittelt die zum Jahrtausendwechsel komplett renovierte Giulio-Cesare-Suite, die in Hassler-Suite unbenannt wurde. Sie ist ein fulminantes, weißbeiges Refugium mit riesigem Wohnzimmer und drei Schlafräumen. Wer sich hier in seinem privaten römischen Bad aalt, das antike Mosaik auf dem grünen Marmorboden studiert und sich inmitten tropischer Pflanzen umsprudeln lässt, kann sich schon wie Gott in Rom fühlen. Nicht nur verliebte Paare sind in dieser Suite dem Himmel auf Erden wahrhaftig sehr nah, auch Realisten werden eingestehen, dass es in der Ewigen Stadt schwerlich einen schöneren Rahmen geben kann.

In den großzügigen Gästezimmern schläft man in bequemen King-Size-Betten und es fällt schwer, sich von den faszinierenden Ausblicken auf die Ewige Stadt loszureißen.

facts

Hotel Hassler

I – 00187 Rom
Tel. 0039 (06) 699-340 – Fax 678-9991
E-Mail: hasslerroma@mclink.it

85 Zimmer, 15 Suiten

Die vornehmste Adresse Roms, oberhalb der Spanischen Treppe und nur wenige Schritte vom Park Villa Borghese. Wohlige Geborgenheit inmitten etwas verplüschter, aber sehr sympathischer Pracht.

Über dem tiefb
Mittelmeer strahlt das
Haus der Morgano-Dyn
eine sonnendurchf
Leichtigkeit

Casa Morgano

Capri - Italien

Irgendwann habe ich aufgehört zu zählen, wie oft wir auf Capri ein paar Tage bella Italia von der schönsten Seite genossen haben. Steht man erst einmal in Neapel an den Anlegestellen der Aliscafi (Tragflügelboote) und hat das Gepäck auf das richtige Boot verfrachten lassen, kann man sich restlos entspannen und sich auf herrliche Urlaubstage freuen. Nach einer knapp einstündigen Fahrt wird man bei der Ankunft auf Capri in Marina Grande vom Dienstmann des jeweiligen Hotels empfangen und muss sich um seine Koffer nicht mehr kümmern. Unbeschwert rattert man mit der Funicolare (Zahnradbahn) in den Ort Capri hinauf und nimmt seinen ersten Drink auf der weltberühmten Piazzetta. Sehen und gesehen werden lautet die Devise auf dem winzigen Plätzchen, das wie die ganze Stadt einem Bühnenbild für eine Operette gleicht. Hier heißen die Kellner weder Franzl noch Leopold, sondern Luigi, Pasquale oder Otello, und wer hier einmal Urlaub verbracht hat, wird bei seiner Rückkehr in den vier Cafés wie ein Stammgast und guter Freund begrüßt.

Natürlich gibt es auf Capri eine große Auswahl an Hotels, doch zum Glück keine großen Massenherbergen. Das „Quisisana" ist mit 150 Zimmern noch immer das einzige größere Hotel und gehört – wie mein altes Lieblingshotel „Scalinatella" – der Familie Morgano. Die „Casa Morgano" ist die jüngste Tochter der einheimischen Hoteliersfamilie. Wem das Hotel „Quisisana" zu groß und zu umtriebig ist und wem das „Scalinatella" zu edel und zu teuer ist, für den ist die „Casa Morgano" eine ideale Alternative.

Capri-Urlauber können sich sicher noch an das Hotel „La Pineta" erinnern, das ruhig und versteckt etwa zehn Minuten von der Piazzetta entfernt lag – direkt neben dem „Scalinatella" an der Via Tragara. Aus der Pinie wurde nach einer kompletten

Dem offenen Empfangssalon ist eine frei schwebende Terrasse vorgelagert, die zum süßen Nichtstun in gemütlichen Korbsesseln geradezu geschaffen ist.

Renovierung die „Casa Morgano". Mit der Leitung betraute der Papa seinen jüngsten Sohn, Nicolino. Von den beiden älteren Söhnen führt der eine das „Quisisana" und der andere das „Scalinatella". Natürlich konnte das aufwändige Facelifting der einmaligen Lage nichts anhaben. Noch immer verkriechen sich die modernen, tief gelegenen Gebäude hinter dichten Pinien auf einem Hügel mit Blick auf die felsige Küste und das strahlend blaue Mittelmeer. War das „Pineta" immer ein bisschen düster und angestaubt, strahlt das Haus heute eine südliche, sonnendurchflutete Leichtigkeit aus. Im offenen Empfangssalon sind die Wände perlweiß gestrichen, vor weißen Sofen stehen großzügig verteilte Antiquitäten und gemütliches Korbmobiliar lädt auf der vorgelagerten Terrasse zum süßen Nichtstun ein. Wurden beim Vorgänger vierundfünfzig Zimmer vermietet, stellt Signor Morgano seinen Gästen nur noch achtundzwanzig Unterkünfte zur Verfügung. Es gibt allerdings immer noch Zimmer, die für zwei Personen eigentlich zu klein sind und einen sehr eingeschränkten Meerblick haben. Deswegen sollte man bei der Buchung darauf hinweisen: großes Zimmer und freier Meerblick. Denn um wie viel schöner ist ein Refugium mit einer mit Bougainvillen geschmückten und von Pinien überschatteten Terrasse oder einem geräumigen Balkon. Extra für das Hotel wurde Mobiliar nach alten Mustern nachgebaut und großzügig auf mediterran gefliesten Marmorböden arrangiert. Helle, kostbare Stoffe unterstreichen das südliche Traumambiente. Auch in den weiß strahlenden Marmorbädern wird dem anspruchsvollen Gast alles geboten, was modern, gut und teuer ist. Die neueste Technik macht sich nicht nur mit einer tadellos funktionierenden Klimaanlage angenehm bemerkbar, sondern auch mit deutschem Programm aus dem „televisore". Ein köstliches Cappuccino-Frühstück mit amalfitanischer Mandarinenmarmelade auf dem Balkon oder

Extra für das kleine Hotel „Casa Morgano“ wurden Möbel nach alten Mustern nachgebaut und großzügig auf mediterran gefliesten Marmorböden arrangiert.

der Terrasse mit dem grandiosen Blick auf die Landschaft und das Meer bleibt ein unvergesslicher kulinarischer wie auch optischer Genuss. Echte Overnight-Capri-Urlauber findet man tagsüber meist an einem der Felsstrände mit den sündteuren Liegestühlen oder im Hotel. Die Insel und die Blaue Grotte gehören bis zum späten Nachmittag den Tagesausflüglern. Das „Casa Morgano“ bietet seinen diskretionsliebenden Gästen einen gepflegten Swimmingpool mit Terrassenanlagen und Restaurant. Mittags zieht es einen automatisch auf die schattigen Plätze der Restaurantterrasse. Der Küchenchef zaubert in seinem Reich das Beste aus der capresischen Küche: mit Büffelmozzarella, Auberginenschnitzen, Capritomaten und Basilikum angemachte Pennette aum aum oder fangfrische Goldbrassen all'acqua pazza, in „verrücktem“ prasselndem Salzwasser geschmacksintensivierend gegart, anschließend hausgemachtes Zitronensorbet. Leider bleiben die Türen des Restaurants abends geschlossen – doch dann können die Capri-Insider auf Trattoriensuche ausschwärmen. Es ist diese unnachahmliche lässige und selbstverständliche südliche Eleganz, die das „Casa Morgano“ auszeichnet. Hinzu kommt noch die aufrichtig herzliche Gastfreundschaft von Nicolino Morgano und seinem engagierten Team. Grazie ed arrivederci!

facts

Casa Morgano

I – 80073 Capri (NA)
Tel. 0039 (081) 8370158 – Fax 8370681
E-Mail: casamorgano@capri.it

28 Zimmer

Kleines Vier-Sterne-Haus, das den Komfort eines Luxushotels bietet. Capriflair at its best zu erschwinglichen Preisen.

Hotel Sporting

Porto Rotondo - Italien

Costa Smeralda – Smaragd-Küste, passender konnte der Name nicht sein, der der diamantenschwere Karim Aga Khan für ein Juwel der Natur im äußersten Nordosten Sardiniens fand. Der Landstrich mit unzähligen Buchten, Stränden und Klippen geht wahrhaftig in ein smaragdgrün leuchtendes Meer über. Hier schuf das Oberhaupt der Ismailiten in den 50er Jahren eines der exklusivsten Urlaubsgebiete Europas. Ein Synonym für Exklusivität aus der Retorte ist der Hauptort Porto Cervo und vier reich besternte Hotels, die einst der edlen, italienischen Ciga-Hotel-Gruppe gehörten. Später wurden diese Edelherbergen der Sheraton-Luxury-Collection einverleibt, die sich 1998 von dem kleinsten, dem „Hotel Sporting", trennte. Vielleicht war das Haus mit siebenundzwanzig Gästezimmern der amerikanischen Company einfach zu klein, um es in ihre Kettenphilosophie einbringen zu können. So sind heute italienische Privatinvestoren stolze Eigentümer dieses kleinen Schmuckstückes. Nur fünfzehn Kilometer vom internationalen

Wie eine Schlange, die sich in der Sonne aalt, sind die niedrigen Gebäudetrakte auf eine Landzunge drapiert. Im runden Hafenbecken liegen die größten und schönsten Yachten unmittelbar vor dem Eingang des Hotels. Die Gästezimmer sind zum Strand und zum offenen Meer hin ausgerichtet.

Flughafen Olbia entfernt liegt der Badeort Porto Rotondo. Neben einem riesigen Yachthafen findet man hier noch einen alten Ortskern, der auch ohne Aga Khan seinen Charme bewahrt hat. Am Rande des turbulenten Dorfes, dort wo im Hafen die schönsten und größten Yachten und Motorboote liegen, versteckt sich der Eingang zum „Hotel Sporting". Da man auf Sardinien ja nicht von typisch britischem Understatement sprechen kann, waren wir ob der Schlichtheit des Gebäudes und der Rezeption schon einigermaßen erstaunt. In einem schlichten, winzigen Raum standen wir vor einer Theke und wurden dafür mit dem besonders herzlichen Willkommen des General-Managers, Signore Guido Gunnella, überschüttet. Der bescheidene erste Eindruck musste sofort revidiert werden, als wir zu einem Empfangscocktail auf die Restaurantterrasse gebeten wurden. Zuerst kamen wir durch eine elegante Bar und konnten einen Blick in das vornehme Restaurant werfen, in dem die Tische bereits festlich eingedeckt waren. Vor der überdachten Terrasse breitete sich eine gepfleg-

Vor der überdachten Terrasse erstreckt sich eine gepflegte Gartenanlage, die von einem großen Swimmingpool beherrscht wird. Wer sich vom Pool- oder Strandleben zurückziehen will, findet in der eleganten Bar oder im verdunkelten Salon immer einen ungestörten Platz.

te Gartenanlage aus, die in der Mitte von einem großen Swimmingpool beherrscht wurde. In dunkle Korbstühle mit dick gepolsterten, weißen Kissen eingekuschelt, ließen wir die sehr ausführlichen Beschreibungen des Signore Gunnella über uns ergehen, obwohl unsere Aufmerksamkeit immer wieder auf die angrenzende Hafenpromenade und die schnittigen Boote gelenkt wurde. Hinter den Häfen tauchten in üppigem Grün schmucke Terrassensiedlungen auf, die sich auf leicht hügeligem Gelände hochzogen.

Wie eine Schlange, die sich in der Sonne ausstreckt, sind die niedrigen Gebäudetrakte des „Hotels Sporting" auf eine schmale Landzunge komponiert. Das vermeidet Enttäuschungen: Sämtliche Gästezimmer sind zum Strand und zum offenen Meer ausgerichtet. Die Vorstellung eines idealen Strandurlaubs erfüllte sich, nachdem wir unser Zimmer inspiziert hatten. Mutter Natur bescherte uns nicht nur einen Postkartenausblick von überwältigender Schönheit auf das offene, smaragdgrüne Meer, sondern auch einen direkten Zugang zum feinen Sandstrand von unserer privaten Terrasse aus. Deswegen enttäuschte uns auch nicht der ausgeprägt rustikale und simple, eben edelschlichte Einrichtungsstil unserer Unterkunft. Immerhin verfügten wir über ausreichend Platz, konnten in komfortablen Betten schlafen, fanden genügend Raum für unser Gepäck und arrangierten uns mit den etwas dunklen, aber tadellos eingerichteten Badezimmern. Allerdings vermissten wir ausreichende Lichtquellen, die für eine Bettlektüre unabdingbar sind.

Ob das Hotel mit dem Pool und privatem Strand seinem Namen Sporting gerecht wird, möchte ich dahingestellt lassen. Vielleicht soll sich die Bezeichnung ja auch nur auf die in unmittelbarer Nachbarschaft angesiedelten Sporteinrichtungen

beziehen: In wenigen Minuten Autofahrt kann man den „Pevero Golf Club“ erreichen; für Wasserski, Tauchen oder Segeln gibt es direkt vor der Haustür in Porto Rotondo genügend Anbieter. Im „Cervo Tennis Club“ findet man neben fünf Plätzen noch ein Fitness-Center, Saunen und sogar einen Squashcourt. Mit Recht ist Signor Gunnella stolz auf seine Küche. Schon morgens wird man ganz unitalienisch mit einem köstlichen Frühstück verwöhnt. Mittags ist die entspannte und freundliche Atmosphäre auf der Terrasse ein stimmungsvolles Umfeld für exzellente Pasta und leichte, ausgezeichnete Fischgerichte. Abends sollte man auch als Hotelgast immer reservieren; denn es hat sich an der Costa Smeralda herumgesprochen, dass sich für die fantasievolle Küche im „Hotel Sporting“ auch eine weite Anfahrt lohnt. Wie wär’s mit einem Langusten-Graupen-Risotto, zu dem man eine Flasche kräftigen weißen sardischen Cannonau entkorken lässt? Nicht nur die Meeresfrüchte, auch die Fleischspezialitäten sind mit bemerkenswerter Perfektion zubereitet. Es gehört schon sehr viel Selbstbeherrschung dazu, auf die vorzüglichen Desserts zu verzichten. Wir ließen uns oft von dem herrlichen Käseteller mit Pecorino sardo verführen und gaukelten uns damit vor, wieder einmal auf sündiges Süßes und Kalorienreiches verzichtet zu haben.

facts

Hotel Sporting

I – 07020 Porto Rotondo – Sardinia
Tel. 0039 (0789) 34005 – Fax 34383
E-Mail: res@charminghotels.it

25 Zimmer, 2 Suiten

Ein Strandhotel, wie es sein soll: exponierte Lage direkt am Meer, jedes Zimmer hat eine Terrasse mit Zugang zum privaten Strand, gepflegte Poollandschaft und eine der besten Küchen der Costa Smeralda.

Le Sirenuse

Positano - Italien

„Positano ist ein Traumplatz: Wenn man dort ist, erscheint er einem nicht ganz real – erst wenn man wieder gegangen ist, bekommt er wahre Realität", fasste John Steinbeck die Empfindungen vieler Besucher dieses pittoresken Ortes an der Amalfi-Küste zusammen. Positano wurde vor zweitausend Jahren als Sommerresidenz von einem reichen Römer gegründet, später besiedelten Händler, Seefahrer und Fischer das malerische Fleckchen Erde. Heute ist der Badeort ein Urlaubsparadies von unverwechselbarer Schönheit und unverdorbenem Charme, der sich trotz Kanzlerurlaubs massentouristischen Busstops verschließt. Als wir vom Flughafen Neapel kommend auf der Küstenstraße südwärts fuhren, schien es uns, als schwebten wir auf steilem Fels hoch über dem azurfarbenen Meer. Ab und zu schlängelte sich die schmale Fahrbahn durch ein Gewirr von Häusern, das aussah, als seien bunte Würfel über Hänge gerollt, vergessen worden und einfach liegen geblieben. Genauso unglaublich erschien uns der Ort Positano mit seiner mutigen Ansammlung von Häusern an steilem Fels. Eine riesige majolikaglänzende Kirchenkuppel soll das kykladisch wirkende Treppendorf wohl beschützen und beherrscht den Blick hinab aufs Meer.

Unser Ziel, das Hotel „Le Sirenuse", liegt trotz seiner auffälligen roten Farbe ziemlich unscheinbar an der einzigen Durchgangsstraße oberhalb des Ortskerns und entfaltet seine Pracht erst nach dem Betreten. Das Gebäude ist ein Palast aus dem 18. Jahrhundert und war die Sommerresidenz der Familie Sersale, einer der ältesten Adelsgeschlechter Italiens. Im Zweiten Weltkrieg suchte die Familie Schutz vor den Bomben in Neapel und floh nach Positano. Auch nach dem Krieg zog es keinen der Sersales nach Neapel zurück. Allein von dem wunderschönen

Eine riesige, matt glänzende Kirchenkuppel beherrscht den Blick hinab aufs Meer. Im Hotel gibt es die großartige Sicht auf die steil zum Meer abfallende Häuseransammlung gratis – sogar in einigen Badezimmern.

Besitz konnte man aber nicht leben und so wurde 1951 aus dem ehrwürdigen Palast ein Hotel. Einen passenden Namen zu finden war nicht schwer: Am Horizont sieht man die Galli-Inseln aus dem Meer auftauchen – Odysseus soll hier einst von den Sirenen bezirzt worden sein, Inselbesitzer und Ballerino Rudolf Nurejew seine Gäste bezirzt haben. Auch heute noch sind die Marchesi Sersale stolze Besitzer der „Sirenuse" und haben es den Namenspatronen ihres Hauses gleichgetan: viele der Gäste wurden vom dem Charme des Hauses so verführt, dass sie zu glücklichen Stammgästen wurden. Im Laufe der Jahre haben die adligen Hoteliers es verstanden, immer dem höchsten Standard eines Luxushotels zu entsprechen, ohne dabei den Charakter einer fürstlichen Residenz anzutasten. Ganz auf Familientradition ist auch das Führen des Hotels eingestellt: Nach Paolo folgte Aldo Sersale, dieser wurde 1992 von Antonio abgelöst. Vielleicht fühlt sich deswegen auch das Personal so inspiriert und der Familie verpflichtet; der Service ist überaus herzlich und zuvorkommend, was mit zur Auszeichnung Best European Hotel 1999 beigetragen hat. Das Hotel verfügt über achtundfünfzig Gästezimmer und vier Suiten. Jedes Zimmer wurde individuell eingerichtet. Aus der umfangreichen Antiquitätensammlung sind im ganzen Haus kostbare Stücke verteilt. Dort sieht man matt glänzende Spiegel, hier hängen an den Wänden alte Gemälde; man öffnet wuchtige Kommoden und Tabernakel-Schränkchen oder kann alte Seekarten oder Reisedokumente aus dem Mittelalter studieren. Komfortable, nachgebaute Möbelklassiker sind gekonnte Ergänzungen zu dieser oft kopierten, doch selten erreichten unnachahmlich lässigen Atmosphäre. Die farbenfrohen glasierten Fliesen wurden von Handwerkerfamilien aus Vietri, gleich in der Küstennachbarschaft, angefertigt. Alle Gästeunterkünfte haben Meerblick und meistens Balkone. Die großartige Sicht auf die steil zum Meer abfallende Häuseransammlung, auf Kuppeln mächtiger Kirchen, efeubewachsener Terrassen und farbenfrohen Gärtchen gibt es gratis, sogar in einigen Badezimmern. Die meisten Leute kommen ins „Le Sirenuse", um sich auf den schattigen Terrassen verwöhnen zu lassen und den grauen Alltag bei „dolce far niente" zu vergessen. Romantik pur umgibt einen inmitten lieblich duftender und üppig rankender Blumenmeere – nicht umsonst preisen die melodiösen Volkslieder der Gegend Liebe und Schönheit, die hier geradezu in der Luft liegt.

Die Poolterrasse ist wahrhaftig ein optischer Höhepunkt. Im Wasser scheint es, als schwimme man vor einer blumengesäumten Theaterkulisse.

Die Poolterrasse ist wahrhaftig ein optischer Höhepunkt. Im Wasser scheint es, als schwimme man vor einer blumengesäumten Theaterkulisse, auf der die kubischen Häuser am Hang eigentlich zu bunt und waghalsig hingekleckst wurden und auch die Farbe des Meeres geriet immer wieder unwirklich, ja fast kitschig blau.

In der neapolitanischen Küche spiegeln sich viele Einflüsse aus verschiedenen Nationen wider, die an die Küsten Süditaliens kamen: Spanier, Mauren, Franzosen. Bis zum Ende des 18. Jahrhunderts rivalisierten Paris und Neapel um den Ruf, die kultivierteste Stadt Europas zu sein. Im Jahre 1733 begründete Vincenzo Corrado mit seinem Klassiker „Il cuoco galante“ den stolzen Anspruch Neapels, auch kulinarisch eine Metropole zu sein. Selbst Hochadelige wie Don Ippolito Cavalcanti, Duca di Buonvicino, brachen für die Esskultur Neapels eine Lanze: Nach seinem gelehrten Kochbuch „La cucina teoripratica“ von 1830 wird noch heute von Lokalpatrioten gekocht. Immerhin wurden in Neapel und seinem Hinterland Spaghetti und Makkaroni sowie der Tomatensugo erfunden. Ganz dieser lukullischen Geschichte hat sich der Küchenchef Alfonzo Mazzacano verpflichtet. Er serviert im Hotelrestaurant traditionelle neapolitanische Gerichte (oft aus der einfachen „cucina povera“), die allerdings nicht immer unseren Geschmack trafen. Aber vielleicht sind wir auch nur zu sehr an die Allmacht der norditalienischen Küche gewöhnt. Immerhin unterhält „Le Sirenuse“ eine Kochschule, die seit vielen Jahren begeisterte Schüler hat. Wir hielten uns lieber an den köstlichen Wein aus dem familieneigenen Gut in Umbrien. Leider haben wir weder an den Treppen, den Gässchen noch an der Strandpromenade ein Restaurant gefunden, das einen zweiten Besuch lohnte. So stöberten wir in Positano lieber in Boutiquen oder versüßten uns das anstrengende Klettern mit einem starken Cappuccino oder einem zitrusgelben Limoncello und fuhren hin und wieder mit dem Bötchen zum Einheimischentreff „Da Adolfo“ hinaus, um fangfrischen Fisch zu schmausen. Auf keinen Fall sollte man vergessen, sich die nahe gelegenen Ruinen von Paestum, Pompeij und Herculaneum anzuschauen und einen Besuch in den Kirchen und Parkvillen von Amalfi und Ravello einzuplanen.

Aus der Antiquitätensammlung der Marchesi Sersale, stolze Besitzer der „Sirenuse“, finden sich auch in den Gästezimmern kostbare Stücke.

facts

Le Sirenuse

I – 84017 Positano (SA)
Tel. 0039 (089) 875066 – Fax 811798
E-Mail: info@sirenuse.it

58 Zimmer, 4 Suiten

Sirenen rufen – die Legende lebt weiter: Wer ließe sich nicht gern in die fürstliche Residenz der Familie Sersale entführen? Wer Probleme mit Treppen hat, ist hier allerdings falsch.

Über den Dächern von Beverly Hills kann man in hellblaue Fluten eintauchen oder genießt auf dick gepolsterten Holzliegen die Sonne.

L'Ermitage

Beverly Hills - Kalifornien

Wohin die Augen auch schweiften, man sah nur schöne, junge Menschen. Schlanke, wohlgeformte Körper tauchten aus hellblauen Fluten auf, räkelten sich auf Holzbohlen oder genossen die Sonne auf dick gepolsterten, massiven Holzliegen. Doch damit nicht genug, auch unter großen, weißen Schirmen auf der Restaurantterrasse schienen sich die Models von Kalifornien ein Stelldichein zu geben. Etwas pikiert meinten wir bemerken zu müssen: „So massiv müsste die Reklame für den Kraftraum und die Fitnesskurse im Spa-Zentrum ja auch nicht sein.“ Trotz dieser Animation genossen wir es, über den Dächern von Beverly Hills mitten in der Szene gelandet zu sein. Eigentlich hatten wir ja mit der Naivität eines deutschen Michels geglaubt, das Hotel „L'Ermitage“ für uns allein als neuestes Luxusrefugium im Großraum Los Angeles entdeckt zu haben. Denn nach einem

Auf der Dachterrasse im Open-Air-Restaurant geben sich unter großen weißen Sonnenschirmen die Models von Kalifornien ein Stelldichein. Während man tafelt, kann man auch im Pool wohlgeformte Körper beobachten, die dem Wasser entsteigen und sich dann betont lässig auf Holzbohlen räkeln.

Bummel über den Rodeo Drive waren wir einige Minuten später auf dem prächtigen Boulevard Burton Way gelandet. Hinter einer dichten Hecke tauchte ein modernes, cremefarbenes Gebäude auf, das sofort unsere Aufmerksamkeit fesselte: das Hotel „L'Ermitage". Nach einer kurzen Besichtigungstour stand unser Entschluss fest, das winzige Standardzimmer im „Peninsula", Beverly Hills, zu verlassen und hierher umzuziehen.

Jetzt war unser „Superior Room" über fünfzig Quadratmeter groß. Wir konnten uns in dem sehr zeitgenössischen minimalistischen Ambiente mit asiatischen Einflüssen herrlich ausbreiten. Aus England kamen die Hölzer für die Parkettböden und die Möbel. Den Wohn- und Schlafbereich trennte eine frei stehende Holzwand, die mit ungezählten quadratischen Löchern eher wie ein durchsichtiger Paravent wirkte. Auf dem Bett lagen eine Tagesdecke und kleine Kissen, alles aus feinster Seide. Auch die Technik brauchte sich vor der unübertroffen komfortablen und eleganten Einrichtung nicht zu verstecken. Allein die Größe des Fernsehbildschirms hätte jeder Disko zur Ehre gereicht, genauso wie die mit allen Finessen ausgestattete Stereoanlage. Unser Telefon und das Faxgerät verfügten über eine Privatnummer. Die Klimaanlage sowie die Beleuchtung waren individuell einzustellen. In dem sandfarbenen Reich aus edlem Holz und kostbaren Materialien findet man selbstverständlich einen Privatsafe und eine Minibar. Durch den Ankleidebereich kamen wir in einen verspiegelten Marmorsaal, der hier Badezimmer genannt wurde, natürlich auch mit Fernseher und Lautsprechern. Hier standen sowohl komfortable Frottee- als auch Baumwollbademäntel zur Auswahl.

Das Hotelrestaurant und der Küchenchef Serge Falesitch überzeugten uns noch mehr von unserem neuen Domizil. Wir saßen auf hellbraunen Lederstühlen vor festlich gedeckten, runden Holztischen, auf Kreativität eingestimmt durch die modernen Skulpturen und Gemälde. Ein interessanter Blickfang war die offene Bar als Teil des Restaurants. Von draußen hörten wir nur das Rauschen des Wasserfalls auf der Restaurantterrasse.

Ein interessanter Blickfang ist die offene Bar als Teil des Hotelrestaurants. Helle Hölzer aus England bestimmen überall den Charakter des eher minimalistischen Interieurs. In den Gästezimmern trennt eine frei stehende Holzwand den Wohn- und Schlafbereich. Die Betten sind in edle Seide eingehüllt.

Die von Serge Falesitch so genannte „Cuisine du Soleil" erinnerte uns genauso an die Provence wie an die Toskana, obwohl sie mit asiatischen Ingredienzien perfekt abgestimmt war. Eben topaktuelle amerikanische Fusionsküche vom Feinsten. Nur nebenbei möchte ich erwähnen, dass man auch beim Essen einen freien Blick in einen großen Salon und in die chromblitzende Lobby hat. Gut möglich, dass die Aufmerksamkeit vom Essen durch die schönen Menschen abgelenkt wird, die da in ausgefallenen Designerklamotten oder in schwarzem Leder ihren Auftritt haben. Etwas ganz anderes zum Schauen und Bewundern sollte man in Los Angeles auf keinen Fall versäumen: das neue „Getty Museum". Wie eine eigene Stadt thront die architektonische Sensation auf einem Hügel. Selten haben mich moderne Architektur und ihre harmonische Einbindung in die Landschaft so beeindruckt.

facts

L'Ermitage

Beverly Hills CA 90210
Tel. 001 310 278.3344 – Fax 278.8247
E-Mail: info@lermitagehotel.com

124 Zimmer

Wer schöne Menschen mag, ist im dem neuesten First-Class-Hotel von Beverly Hills mit King-Size-Standardzimmern und einem bombastischen Dachterrassenpool bestens aufgehoben.

Post Ranch Inn

Big Sur - Kalifornien

„Big Sur ist wie das Antlitz der Erde. Der Schöpfer muss gewollt haben, dass seine Erde so aussieht", schrieb Henry Miller in seinem Roman „Big Sur". Weit weg von den „Stillen Tagen in Clichy" verbrachte er hier die späten Jahre seines Lebens und setzte diesem Flecken Erde in seinem Werk ein würdiges Denkmal. Und wahrhaftig, wieder einmal war ich von dieser Harmonie aus Meer, Felsen und Wäldern total hingerissen.

Obwohl das scheußliche Wetter während unserer Fahrt eher Weltuntergangsstimmung heraufbeschwor, faszinierten uns die dramatischen Naturschauspiele, die uns auf dem Highway No. 1 direkt am Pazifischen Ozean zwischen San Francisco und Los Angeles geboten wurden: vom Meer umtobte Felsen mit windzerzausten Pinien, kleine Buchten mit Stränden, an denen Seelöwen träge das Treiben der Möwen beobachteten. Wir tauchten in dunkle, geheimnisvolle Waldalleen ein oder schwebten über Kliffen auf kühnen Brückenkonstruktionen. Bei orkanartigem Sturm und strömendem Regen wären wir in Big Sur fast an dem Schild vorbeigefahren, das auf die Abfahrt zu unserem Hotel hinwies. „Soll das etwa das ‚Post Ranch Inn' sein?", fragte ich irritiert, als wir vor einem schmalen, bizarr hochgezogenen Holzbungalow standen und dahinter nichts als dicht bewaldete Hügel sahen.

Meine Skepsis stellte sich schnell als unbegründet heraus, denn in dem Häuschen waren nur die Rezeption und Büros untergebracht. Mit einem Elektrokarren brachte uns ein „zünftiger Cowboy" durch dunkles Gehölz ein schmales Sträßchen den Hügel hinauf. Vom Brüllen des „Cowboys" hörten wir nur: „Sierra Mar Restaurant, Pool, six Butterfly-, two Mountain-, five Ocean-, ten Coast- and seven Treehouses, Library". Obwohl es noch früher Nachmittag war, konnten wir nur an ab und zu durchscheinenden Lichtern erahnen, was gemeint sein konnte. Mit den Worten „Wow, we've got it" schnappte sich unser Naturbursche das Gepäck und balancierte gekonnt auf einem langen, glitschigen Holzsteg entlang, der vor unserem sturmumtobten Treehouse endete. Der Bungalow war eine hinreißende Glas- und Holzkonstruktion im Stile Frank Lloyd Wrights. Im Wohn- und Schlafzimmer

Nicht nur kulinarische Highlights bietet das Restaurant, sondern auch einen atemberaubenden Ausblick auf den Pazifik.

staunten wir über ein verwegenes Design, das mit fünf Ecken zwar etwas windschief wirkte, aber sofort zum Wohlfühlen einlud. In einem großen, offenen Kamin knisterte schon ein Feuer und davor schienen zwei bequeme Korbsessel nur auf uns zu warten. Das Riesenbett thronte auf einem massiven Holzsockel und auf der derb gewirkten Tagesdecke lagen massenhaft bunte Kissen. In dieser urwüchsigen Einrichtung wäre ein Fernseher ein Stilbruch gewesen und so freuten wir uns, dass wir in dem Bauernschrank einen CD-Player und ein Radio fanden. Außerdem lagen in den Schubladen Unmengen von Magazinen und Tourenbeschreibungen. Leider war bei der schummrigen Beleuchtung nicht an lesende Gäste gedacht worden. In einer kleinen Küchenzeile stand alles für ein genüssliches Kaffeestündchen bereit und wir akzeptierten auch, dass der Kühlschrank nur mit alkoholfreien Getränken gefüllt war. Mit gewissen Schwierigkeiten müssen ungelenkige Menschen rechnen, wenn sie den hohen Rand zu der vertieften Duschwanne überwinden wollen. Doch die Mühen werden mit einem atemberaubenden Blick auf den Pazifik entschädigt, falls Wetter und Tageszeit es erlauben. Wir wurden erst am nächsten Morgen bei strahlendem Sonnenschein mit atemberaubenden Ausblicken belohnt. Trotz des Wetters trauten wir uns abends gut beschirmt auf den Weg ins Restaurant „Sierra Mar“. Von Chefkoch Craig von Foerster ließen wir uns mit einer gekonnten Mischung aus kalifornischer, asiatischer und mediterraner Küche verwöhnen. Vielleicht hätten wir den kulinarischen Highlights und der rustikalen Eleganz des Lokals noch mehr Aufmerksamkeit widmen können, hätten wir nicht direkt neben einer Glaswand gesessen, die bei jeder neuen Sturmboe fast zu bersten schien. Exciting! Die richtige Erholung fing für uns erst am nächsten Morgen an. Vom Bett aus schauten wir auf den glitzernden Pazifik. Jetzt konnten wir auch erkennen, wie organisch die Anlage in die Natur integriert

Die Gästebungalows sind hinreißende Glas- und Holzkonstruktionen im Stil Frank Lloyd Wrights. Rustikale Eleganz verschafft Wohlgefühl.

Der kleine Pool neben dem Restaurant ist eher ein Planschbecken, allerdings ist die dramatische Lage auf einem Felsen direkt über dem Meer sehr beeindruckend.

war. Wie große Vogelnester klebten die Coasthouses an Felshängen zum Meer. Nur an kleinen Schornsteinen konnte man erkennen, dass blühende Beete ihre Dächer bildeten. Im dichten Gebüsch versteckten sich die Tree- und Mountainhouses und über dem Eingang zum Restaurant schwappte eine dichte Wiese. Der Pool neben der Restaurantterrasse stellte sich mehr als kleines Planschbecken heraus, der aber mit seiner dramatischen Lage auf einem Felsen direkt am Meer schon beeindruckte. Außerdem fanden wir auf unserem ausgedehnten Spaziergang noch einen weiteren großen Pool, der sich unterhalb der Rezeption auf einer paradiesischen Bergwiese befand. „A Condor, look, look a Condor", schrie der Bademeister und wahrhaftig, wir sahen die seltene, prähistorisch anmutende Kreatur mit ihren über sechs Meter weit gespannten Flügeln über die Anlage schweben. Wir konnten unser Glück kaum fassen, einen dieser vom Aussterben bedrohten Vögel in dieser faszinierenden Natur so nah gesehen zu haben. Ein ganz anderes Hochgefühl erwartete uns in den Studios des Spa-Zentrums. Während einer herrlich entspannenden „Partner-Post Ranch Massage" wälzten wir das Problem, welche Anwendungen und Aktivitäten noch zu unserem Wohlbefinden beitragen könnten: „Aromatherapie-Massage", „Body Polish", „Herbal Facial" oder „Herbal Wrap"?

facts

Post Ranch Inn

Big Sur, Monterey County, CA 93920
Tel. 001 831 667.2200 – Fax 667.2512
E-Mail: reserve@postranchinn.com

30 Luxuszimmer

Am Kliff über dem Pazifischen Ozean liegt eines der schönsten und originellsten Hideaways Amerikas. Für Liebhaber dramatischer Natur und wirklich origineller Suiten genau das Richtige.

Die Appartements sind großzügige, kuschelige Privatrefugien mit eleganter, aufwändiger Landhausmöblierung und offenem Kamin.

San Ysidro Ranch

Santa Barbara - Kalifornien

„It never rains in Southern California", behauptete einst Albert Hammond in einem seiner berühmten Songs. Schön wär's, es goss in Strömen und orkanartige Böen fegten uns fast von der Straße, als wir Anfang April von dem Highway 101 zwischen San Francisco und Los Angeles in die Abfahrt Montecito-San Ysidro einbogen. Montecito ist ein Villenvorort von Santa Barbara, dem Synonym für Südkalifornien. Die sehr mexikanisch anmutende Stadt mit bewaldeten Hügeln einerseits und palmengesäumten Stränden andererseits ist schon seit Jahrzehnten bevorzugtes Domizil für die Schönen, Reichen und Mächtigen – die Franziskanermönche, die 1769 die Wegestation nach dem Patron von Madrid benannten, haben längst die Zellen für weltliches Vergnügen geräumt.

Das Hotel „San Ysidro Ranch" entspricht genau den Vorstellungen, die man sich gemeinhin von einem exklusiven Hideaway macht. Schließlich ließ sich hier schon Somerset Maugham inspirieren, Laurence Olivier und Vivien Leigh gaben sich hier das Jawort, John F. Kennedy

Im Schlafzimmer ist das Himmelbett mit Bergen von Kissen belegt; ansonsten setzen auch hier ländliche Kunstgegenstände private Akzente.

verbrachte hier mit seiner Jacqueline den Honeymoon und jetzt ist Michael Crichton Stammgast auf diesem herrlichen Landsitz. Den unvergleichlich idyllischen Charakter hat sich das bereits im Jahre 1893 eröffnete Hotel bis heute erhalten. Alle Renovierungen wurden mit größter Behutsamkeit durchgeführt, um den rustikalen Hazienda-Charme zu erhalten. Terrassenartig angelegte Märchengärten mit Meeren von bunten Blumen, Apfelsinenbäumchen, Kräutersträuchern, Skulpturen und ein romantischer Hochzeitsgarten fügen sich harmonisch in die Natur ein. Mächtige Eukalyptusbäume grenzen das Anwesen gegen die Nachbarvillen ab. Die zweiundfünfzig Gästezimmer in schneeweißen Casitas tragen keine Nummern, sondern Namen von Bäumen und Blumen.

Eine großzügige, kuschelige Oase war unser Appartement „Lilac". Von der Veranda kamen wir direkt in das riesige Wohnzimmer mit aufwändiger Landhausmöblierung. Vor einem offenen Kamin stand eine dick gepolsterte Sitzgarnitur, der Tisch war mit frischen Blumen und opulenter Obstschale dekoriert, an den Fenstern hingen zart gemusterte Leinenvorhänge und überall setzten kleine, ländliche Kunstgegenstände einen sehr privaten, wohnlichen Akzent. Im Schlafzimmer war das Himmelbett mit Bergen von Kissen belegt und erst morgens entdeckten wir hier einen Fernseher, der schräg in einer Deckengaube hing. Das Badezimmer überzeugte durch alle nur erdenklichen Annehmlichkeiten, vor allem sehr viel Platz, schier unzählige Spiegel, eine separate Dusche, eine geräumige Ankleide und, nicht zu vergessen, einen prächtigen Kronleuchter. Das Ganze strahlte eine selbstverständliche Eleganz aus, ohne überladen zu wirken.

Zum Glück hatte Petrus ein Einsehen mit uns, am nächsten Tag schien die Sonne und jetzt konnten wir auch die herrliche Holzveranda mit Jacuzzi-Becken und bequemen Holzliegen hinter unserem

Wer es leger und rustikal mag, geht nicht in das elegante Restaurant „Stonehouse", sondern speist einen Stock tiefer im „Plow and Angel Bistro".

Bungalow nutzen. Beim anschließenden Spaziergang durch das Anwesen entdeckten wir einen schönen Swimmingpool mit Bar, zwei Tennisplätze und sogar einen Kinderspielplatz. Im Fitness-Center drückte uns der Trainer gleich ein perfekt ausgeklügeltes Programm für Ayurveda-Therapien in die Hand. Der nette Mensch empfahl uns die zweieinhalbstündige Nirvana-Behandlung, die für „nur" 270 US-Dollar zu haben sei.

Old-World-Charme und vorbildlicher Service gingen auf der „San Ysidro Ranch" eine faszinierende Harmonie ein, die sich auch im eleganten Restaurant „Stonehouse" voll entfaltete. Die Küche verwöhnte uns mit leicht zubereiteten traditionellen Gerichten wie einer „tortilla soup". Da auch die verwöhnten Nachbarn der „San Ysidro Ranch" das Restaurant gerne besuchen, ist eine Reservierung dringend zu empfehlen. Wer es legerer und rustikaler mag, geht einen Stock tiefer in das „Plow and Angel Bistro". Hier speist man in der einstigen Zitronenpackhalle von 1889. Einzigartig auch ein rustikales Luxus-Dinner im betagten „Old Adobe Ranchhouse" von 1825!

Als guter Tipp der charmanten Hausherrin Janis Clapoff erwies sich ein Ausflug in das nahe gelegene Weingebiet nördlich von Santa Barbara. Als wir in das Städtchen Solvang kamen, trauten wir unseren Augen nicht: In einer kalifornischen Weingegend fanden wir eine nachgebaute dänische Kleinstadt, die aussah, als sei sie einem Märchen von Hans Christian Andersen entsprungen.

facts

San Ysidro Ranch

Montecito, Santa Barbara, CA 93108
Tel. 001 805 969.5046 – Fax 565.1995
E-Mail: sanysidro@relaischateaux.fr

38 Zimmer, davon 14 Suiten

Auf dieser exklusiven und romantischen Ranch ließen sich bereits Somerset Maugham und Michael Crichton inspirieren, Sir Laurence Olivier gab hier Vivien Leigh das Jawort und John F. Kennedy verbrachte mit seiner Jacqueline hier seine Flitterwochen.

Auf sanften Hügeln schmiegen sich die Häuschen des Hotels zwischen alten Bäumen in saftig grüne Wiesen. Doch was ist ein romantisches Refugium ohne leibliche Genüsse? Marcel Kauer, ein gebürtiger Schweizer, kocht im „Hastings House", und er gehört seit Jahren zu den besten Köchen Kanadas.

Hastings House

Salt Spring Island - Kanada

Salt Spring Island gilt sogar bei den Kennern der kanadischen Pazifikküste noch als Geheimtipp. In der Meeresenge von Georgia zwischen Vancouver und Vancouver Island entstanden in grauer Vorzeit unzählige kleine Inseln. Salt Spring Island ist davon die größte und populärste. Von der traumhaften Lage, der Abgeschiedenheit und der überwältigenden Natur wurden schon viele Künstler inspiriert. Sie waren von der Insel so fasziniert, dass sie sich hier niederließen und damit wichtige Wirtschaftsimpulse gaben. In dem kleinen herausgeputzten Hauptort Ganges kommt man nicht daran vorbei, in eine der zahllosen Galerien hineinzustolpern. Sicher ist es mehr im Sinne der Geschäftsleute als in dem der Kunstschaffenden, dass die Insel heute mehrmals täglich vom Festland und von Vancouver Island aus mit Autofähren bedient wird. Auf der hundertfünfundachtzig Quadratkilometer großen Insel mit einer Küste von hundertfünfunddreißig Kilometern leben immerhin über zehntausend Menschen. Darunter auch Goldie Hawn und andere Hollywoodgrößen. „Hastings House", ein 1939 entstandener Landsitz im Sussex-Stil des 16. Jahrhunderts, thront erhaben und isoliert über dem Yachthafen von Ganges. Auf sanften Hügeln versteckt zwischen alten Bäumen schmiegen sich die Häuschen in saftig grüne Wiesen. Überall sind bequeme Liegestühle aus rustikalem, verwittertem Zedernholz zu Ruheoasen zusammengestellt. Es scheint, als dienten sie mehr zur Dekoration als zum Gebrauch. Vom General-Manager Mark Gottaas und seiner Assistentin Judith Hart werden wir wie gute alte Freunde begrüßt. Unsere Koffer bleiben in der Rezeption, während wir zum Tee mit anderen Gästen in die gute Stube, sprich Empfangssalon, geführt werden. Vor dem offenen Kamin werden wir mit Sherry, englischem Tee, französischem Käse und einheimischen Früchten verwöhnt. Ein bisschen fühlen wir uns wie in den Schoß der eigenen Familie zurückgeholt, als wir wie selbstverständlich in die Gespräche mit einbezogen werden.

Keine große Qual der Wahl hat man bei der Reservierung einer der siebzehn Suiten. Jede der Gästeunterkünfte ist ein Unikat und mit sehr viel Charme und großem Komfort eingerichtet. Die Zimmer verteilen sich auf sechs Häuschen, die für jede „Hänsel und Gretel"-Verfilmung Pate stehen könnten. Romantik pur erwartet einen in jeder Suite. Fünf Refugien sind in der nach alten Vorlagen nachgebauten Holzscheune untergebracht, als Garden Cottage wird die Suite in der Post bezeichnet, dem ehemals Originalhaus der Post von Hudson's Bay, in der Farm Ost und West findet man im Erdgeschoss den Wohn- und Badebereich, während im ersten Stock unter der Dachschräge ein überdimensioniertes King-Size-Bett steht. Im Herrenhaus fällt die Entscheidung genauso schwer, ob man die Suite Maedows, Manor West oder Heyloft wählen soll. Erst 1999 wurden in einem versteckten Gartenhaus sieben neue Suiten eröffnet.

Das ist aufmerksam: Große Holzbuchstaben mit dem eigenen Namen schmückten die Tür zu unserem Refugium. Auf dem Schreibtisch lagen Ansichtskarten mit eingedrucktem Namen, daneben eine persönliche Speisekarte. Frische Blumengebinde verströmten zarten Duft. Im Kamin warteten mächtige Holzscheite nur darauf, angezündet zu werden.

Keine große Qual der Wahl hat man bei der Reservierung einer der siebzehn Suiten. Jedes Refugium ist mit sehr viel Charme und Komfort eingerichtet.

Etwas sehr Angenehmes ist der überragende und sehr diskrete Service: Da steht vor dem Frühstück bereits ein Early-morning-Korb vor der Tür, beladen mit Scones (weichen, süßen, briocheartigen Semmeln), Marmeladen und frischem Kaffee, das Zimmer wird aufgeräumt, sobald man es verlassen hat. Nicht einmal auf angenehme Gesundheits- oder Schönheitspflege muss man verzichten. Therapeuten oder Masseure behandeln und verwöhnen die Gäste mit Shiatsu, Aromamassagen, Kräutertherapien, Reflexzonenbehandlungen und Gesichtspflege. Wer dem süßen Nichtstun im „Hastings House“ entfliehen will, muss nur vier Kilometer fahren, um einen Golf- oder Tennisplatz zu finden. Auf hoteleigenen Mountainbikes kann man die Insel erkunden, ein Spaziergang durch Ganges ist immer ein anregendes Erlebnis und wer es ganz besonders abenteuerlich mag, chartert ein Kajak und nimmt an einer Tour teil, die in stockfinsterer Nacht durch den Hafen und die Bucht geleitet wird. Natürlich ist das auch tagsüber möglich – dazu Segeln und Motorbootfahren.

Erst 1999 wurden in einem versteckten Gartenhaus, das für jede „Hänsel und Gretel“-Verfilmung Pate stehen könnte, sieben neue luxuriöse Suiten eröffnet.

Doch was ist das schönste Hotel ohne die leiblichen Genüsse? Mit Marcel Kauer, einem gebürtigen Schweizer, haben sich die Besitzer des „Hastings House“ einen der besten Köche Kanadas geangelt. Gelassen und ohne Überheblichkeit bringt der Kochkünstler sein Können auf den Punkt: „Wenn meine Gäste sagen, dass sie gerade das beste kulinarische Erlebnis ihres Lebens gehabt haben, dann erst bin ich glücklich; denn das ist für mich Perfektion.“ Wir ergänzen bescheiden: „Eines der besten kulinarischen Erlebnisse!“, und trinken noch ein Glas kanadischen Wein aus British Columbia – ausgefallener geht's kaum.

facts

Hastings House

Salt Spring Island, BC V8K 2S2 Kanada
Tel. 001 250 537 2362 – Fax 537.5333
E-Mail: hasthouse@saltspring.com

17 Suiten

Noch immer ist die Insel ein Geheimtipp an der kanadischen Pazifikküste und das „Hastings House“ ein verträumter Landsitz, der erhaben über dem Yachthafen thront.

The Wickaninnish Inn

Tofino - Kanada

Das so oft als die „spektakulärste Zugreise der Welt“ bezeichnete Reiseerlebnis hatten wir hinter uns gebracht: Zwei Tage waren wir von Calgary nach Vancouver mit dem „Rocky Mountaineer“ durch die kanadischen Rockies gefahren. Wir sahen Landschaften mit majestätischen Bergen, fuhren an gigantischen Wäldern vorbei und fotografierten riesige Gletscherseen, Wasserfälle und reißende Bergflüsse. Von der kanadischen Pazifikmetropole Vancouver brachte uns eine Fähre in zwei Stunden nach Vancouver Island, der größten Insel an der Westküste Nordamerikas. Obwohl das langgestreckte Eiland die Größe von Belgien hat, leben dort nicht mehr als eine halbe Million Menschen und davon die meisten auf der klimatisch bevorzugten Ostseite der Insel. Hier liegt an der südlichen Spitze Victoria, die größte Stadt der Insel. Klein, verträumt und „very british“, ist sie gleichzeitig auch noch die Hauptstadt der riesengroßen, kanadischen Provinz British Columbia.

Unser Ziel war Tofino, ein weit abgelegener kleiner Ort, welcher heute das touristische Zentrum an der

Auf mächtigen Klippen thront das Anwesen am offenen Pazifik. Im Winter fallen so genannte Orkan-Touristen in Tofino ein, um das Wüten von Sturm und Meer, übertragen von Außenmikrofonen, in der gemütlichen Atmosphäre des Restaurants zu erleben.

rauen Westküste bildet und von Victoria sehr mühsame dreihundertzweiunddreißig Autokilometer entfernt ist. Dort hatten wir uns in „The Wickaninnish Inn" eingemietet, das sich ganz seiner wildromantischen Umgebung anpasst. Nur wenige Minuten vom Zentrum Tofinos entfernt, liegt das rustikale aber auch sehr elegante Hotel gleich neben dem Pazific Rim National Park Reserve. Am offenen Pazifik thront „The Wickaninnish Inn" auf mächtigen Klippen, die zum Festland in dichten Tannenwald und zum stahlblauen Meer in den halbmondförmigen Chesterman Beach übergehen. Das zweigeschossige Gebäude aus grauem Zedernholz wurde im Blockhausstil gebaut, sodass es fast wie ein natürlicher Teil seiner Umgebung aussieht. Man spürt überall das Verständnis, mit dem die Architekten die dramatische Natur behutsam gebändigt haben. Gleichzeitig genießt man den luxuriösen Komfort, der einem in der naturverbundenen und auch streng raucherfreien Anlage geboten wird.

Sogar im Bad hat man aus riesigen Scheiben einen atemberaubenden Ausblick auf die wild-romantische Küstenlandschaft und das Meer.

Die sechsundvierzig Gästezimmer überzeugen mit ihrer Geräumigkeit und einer hellen, freundlichen Einrichtung. Im Einklang mit der Umwelt sind die Möbel aus recycelten, alten Kiefernhölzern, Zedern und Treibholz gefertigt. Alle Textilien sind aus Naturfasern, selbstverständlich auch das üppige weiße Frottee und die flauschigen Bademäntel. Am Garderobenhaken hängen nicht nur zwei Regenschirme, sondern auch zwei gelbe Friesennerze. In unserem King-Bedroom finden wir neben einem bequemen, überdimensionierten Bett eine gemütliche Sitzecke mit offenem Kamin, einen Kühlschrank, der geschickt unter dem Schreibtisch versteckt ist, und modernste Technik, die trotz aller Urigkeit und Naturverbundenheit nicht vergessen wurde. An den Wänden hängen Landschaftsbilder aus der näheren Umgebung. Der Ankleidebereich ist dem luxuriösen Badesaal vorgelagert. In diesem Reich aus Natursteinkacheln fehlt nichts an sanitären Annehmlichkeiten. Der atemberaubende Meerblick aus schaufensterartigen Scheiben ist sogar bei Regen der Clou jedes Zimmers. Unvergessen bleibt ein Glücksmoment, als sich die Sonne aus dunklen Wolken herauswagt: Durch die Fenster bricht plötzlich Licht, wir gehen auf den Balkon, atmen die salzige Luft, hören dem mächtigen Rauschen der Brandung zu und sehen aus dem Meer drei Wale auftauchen.

Das Hotelrestaurant „The Pointe“ wird seit Jahren als eines der besten in Kanada genannt. Der Küchenchef, Jim Garraway, glänzt mit fantastischen Fisch- und Schalentierspezialitäten und überrascht mit den köstlichsten Pasta-Gerichten. Doch auch hier macht die atemberaubende Natur den kulinarischen Genüssen reichlich Konkurrenz. Während man drinnen königlich tafelt, krachen draußen die Wellen des Pazifiks gegen die Klippen. Ganz begeistert erzählten uns Tischnachbarn von

Im Hotelrestaurant „The Pointe“ steht der Kochkünstler Jim Garraway am Herd und glänzt mit fantastischen Fischspezialitäten. Die Gästezimmer überzeugen durch ihre Geräumigkeit und helle, freundliche Einrichtung. Im Einklang mit der Umwelt sind die Möbel aus recycelten Hölzern gefertigt.

so genannten Orkan-Touristen. Im Winter fallen diese Sturmbeobachter in Tofino ein und reservieren schon Wochen im Voraus die Fensternischen im „Pointe“. Das Wüten von Sturm und Meer wird dann per Außenmikrofon in die gute Stube des Restaurants übertragen. Für Outside-Aktivisten ist Tofino ein Paradies: Da gibt es den einundzwanzig Kilometer langen Sandstrand „Long Beach“; nicht weit ist es zu den heißen Quellen von Hot Springs Cove und eine Fahrt mit einem Speedboot zum Whalewatching garantiert, die Riesenmeeressäugetiere wirklich vor die Linse zu bekommen. Ganz Mutige lassen sich auf das Tauchen in eiskaltem Nass ein und bekommen dafür aber eine der spannendsten Tauchgründe der Welt geboten. Auf dem Meeresgrund liegen noch historische Schiffswracks und unglaublicher Fischreichtum durchpflügt die Welt unter Wasser. Wer er ruhiger mag, legt eine Runde Golf auf dem Neun-Loch-„Long Beach Golf Course“ ein oder durchstreift einen der größten, intakten, nördlichen Regenwälder unserer Erde auf beschilderten Wegen.

Nach so viel Natur nahmen wir gern den Spa-Service im „Wickaninnish“ in Anspruch, der fantastische Entspannungsmassagen anbot.

facts

The Wickaninnish Inn

Tofino – Vancouver Island – BC VOR 220
Tel. 001 250 725.3100 – Fax 725.3110
E-Mail: wick@island.net

46 Zimmer

Hier finden Naturliebhaber eine erstklassige Unterkunft, die durch rustikale Eleganz überzeugt. Der Ozean vor den großen Fenstern und der Urwald direkt vor dem Haus. Sehr gutes Restaurant.

K-Club

Barbuda - Karibik

Die Karibik erfüllt noch immer viele unserer Klischeevorstellungen: Sonne, Strand, Inselromantik pur – Palmen, Planter's Punch, Salsa und Reggae. In der Fantasie ist die Luft immer erfüllt von exotischen Düften, die dunkelhäutigen schönen Menschen arm, aber fröhlich, das Meer türkisfarben oder kobaltblau, sanfte Wellen plätschern auf Pudersandstrände und laue Tropenwinde fächeln über farbenprächtige Bougainvilleasträucher. Zu einer der Lieblingsinseln der Deutschen hat sich Antigua entwickelt, was nicht nur mit einem schier unüberschaubaren Angebot an guten Hotels zusammenhängt, sondern auch mit einem Non-Stop-Flug nach Frankfurt. Vom schnöden Mammon und Massentourismus Antiguas ist Barbuda, die kleine, arme

„Bella Italia meets the Caribbean" könnte das Motto für das bewohnbare Kunstwerk der italienischen Designerin Krizia lauten.

Am zehn Kilometer langen, halbmondförmigen Strand erfüllte sich Signora Krizia ihre eigene Vision von einem italienischen Traumhotel in der Karibik.

Schwester, gut vierzig Kilometer und fünfzehn Flugminuten entfernt. Wie ein Pfannkuchen ruht das Eiland im Meer und hat sich bis heute seine Abgeschiedenheit und Ursprünglichkeit erhalten. Barbuda wird fast komplett von einem Bilderbuchstrand umrandet, dessen Farben von Silberweiß bis ins zart Rosé schillern. Der Puderzuckersand war einmal der einzige und sehr attraktive Exportartikel, bis die Regierung des Zwei-Insel-Staates den Verkauf dieser kostbaren, nationalen Ressource verbot. Das Meer könnte nicht türkisfarbener leuchten und Inselromantik pur ist garantiert. Das Hinterland besteht größtenteils aus unansehnlichen Mangrovenhainen und viel Sumpf um eine lang gestreckte Lagune. Diesem ungastlichen Gelände hat man ein Dörfchen mit eintausendfünfhundert Bewohnern und einen winzigen Flughafen abgerungen. Sehr stolz sind die Insulaner auf ein großes Vogelschutzgebiet, das allein wegen des schillernden Gefieders der prächtigen Fregattvögel einen Besuch wert ist.

Am schönsten, etwa zehn Kilometer langen, halbmondförmigen Strand sind heute drei Hotels angesiedelt. Ende 1999 wurde das kleine und einfache „Palmetto Point Hotel" nach komplettem Umbau wieder eröffnet. In der Mitte der Sichel ruht der „K-Club" und am Südende liegt das All-in-Resort „Coco Point Lodge". Es wird die Geschichte erzählt, dass die italienische Designerin Mariuccia Mandelli, in der Modewelt besser bekannt unter dem Markenname Krizia, bis Anfang der 80er Jahre Stammgast im „Coco Point Lodge" war, dem damals einzigen Hotel auf Barbuda. Nach einem Krach in ihrem Feriendomizil zog sie wutentbrannt aus und erfüllte sich ihre eigene Vision von einem italienischen Traumhotel in der Karibik. Nur fünf Kilometer

Überwältigend sind die zwei dominierenden Farben in Krizias lichtem Reich: Vom Meer wurde das Türkis übernommen und vom Sand das matte Weiß.

weiter ließ sie sich vom italienischen Stararchitekten Gianni Gamondi, der auch die meisten Edelherbergen an der Costa Smeralda entwarf, den „K-Club“ als noch schöneres und edleres Luxushotel hinsetzen. Man sollte nicht unerwähnt lassen, dass der Nachbar sich mit einem Airstrip rächte. Nur seine Propellerflugzeuge dürfen unmittelbar neben dem südlichsten Gästebungalow von Signora Mandelli, weit entfernt von seinem Hotel, landen. Wir durften mit der Privatmaschine der K-Line nur auf dem offiziellen Flughäfchen Barbudas einreisen und uns dann eine halbe Stunde lang mit dem Hoteljeep über unbefestigte Straßen rumpeln lassen. Für den „K-Club“, ihr bewohnbares Kunstwerk, war Signora Krizia das Beste gerade gut genug. „Bella Italia meets the Carribbean“, könnte das Motto des Hotels lauten. Für die Innenarchitektur zeichnete die Dame selbst verantwortlich. Aus ihren eigenen Werkstätten in Italien kamen sämtliche Stoffe und selbstverständlich tragen die blütenweißen Uniformen der Angestellten das K-Label. Die Keramikfliesen kamen aus der Kollektion „Magie di Krizia“. Die herrlich komfortablen Badezimmer sind in die angenehm duftende Wolken der K-Pflegeartikel getaucht.

Aus Italien wurde auch fast die ganze Einrichtung importiert: Da taucht bei den Möbeln der Name Fratelli Guzzini auf, die Küchen sind von Zanussi, an den Strandliegen sieht man das Logo von Balneis, an den Stoffen kann man Cerruti- oder Rivoltaschildchen entdecken und welcher Italo-Fan kommt schon ohne den Namen Alessi bei der Tischdekoration aus. Überwältigend sind die zwei dominierenden Farben in Krizias weitem, lichtem Reich: Vom Meer wurde das smaragdfarbene Türkis übernommen und für das matte Weiß diente der Sand als Vorbild.

Auf Lombok findet
noch kilometerla
menschenleere Strä
die sich schnurge
zwischen den Wellen
Hainen aus K
palmen entlangzie

Überwältigend sind die zwei dominierenden Farben in Krizias lichtem Reich: Vom Meer wurde das Türkis übernommen und vom Sand das matte Weiß.

weiter ließ sie sich vom italienischen Stararchitekten Gianni Gamondi, der auch die meisten Edelherbergen an der Costa Smeralda entwarf, den „K-Club“ als noch schöneres und edleres Luxushotel hinsetzen. Man sollte nicht unerwähnt lassen, dass der Nachbar sich mit einem Airstrip rächte. Nur seine Propellerflugzeuge dürfen unmittelbar neben dem südlichsten Gästebungalow von Signora Mandelli, weit entfernt von seinem Hotel, landen. Wir durften mit der Privatmaschine der K-Line nur auf dem offiziellen Flughäfchen Barbudas einreisen und uns dann eine halbe Stunde lang mit dem Hoteljeep über unbefestigte Straßen rumpeln lassen. Für den „K-Club“, ihr bewohnbares Kunstwerk, war Signora Krizia das Beste gerade gut genug. „Bella Italia meets the Carribbean“, könnte das Motto des Hotels lauten. Für die Innenarchitektur zeichnete die Dame selbst verantwortlich. Aus ihren eigenen Werkstätten in Italien kamen sämtliche Stoffe und selbstverständlich tragen die blütenweißen Uniformen der Angestellten das K-Label. Die Keramikfliesen kamen aus der Kollektion „Magie di Krizia“. Die herrlich komfortablen Badezimmer sind in die angenehm duftende Wolken der K-Pflegeartikel getaucht.

Aus Italien wurde auch fast die ganze Einrichtung importiert: Da taucht bei den Möbeln der Name Fratelli Guzzini auf, die Küchen sind von Zanussi, an den Strandliegen sieht man das Logo von Balneis, an den Stoffen kann man Cerruti- oder Rivoltaschildchen entdecken und welcher Italo-Fan kommt schon ohne den Namen Alessi bei der Tischdekoration aus. Überwältigend sind die zwei dominierenden Farben in Krizias weitem, lichtem Reich: Vom Meer wurde das smaragdfarbene Türkis übernommen und für das matte Weiß diente der Sand als Vorbild.

Im Hauptgebäude kann man auf italienischen Keramikfliesen durch weiße Fluchten von großzügigen, luftigen Salons und Fluren wandeln. Sehr dezent setzen türkisfarbene Dachbalken und

Sehr dezent setzen türkisfarbene Dachbalken und Streifen auf Polsterbezügen farbliche Akzente in den weißen Fluchten, hier auch Salons genannt.

Streifen auf Polsterbezügen farbliche Akzente. Ein Teil dieser offenen Konstruktion dient als Restaurant und Bar. Dem raffiniertem Ambiente passt sich auch der kleine Pool an. Eigentlich ist das in edles Holz eingefasste Becken viel zu schön, um schnöde zum Baden missbraucht zu werden. So waren die rustikalen Holzliegen auch immer ungenutzt und sehr stilvolle Dekoration. Als wir es wirklich einmal wagten, uns einen Drink in dem Poolpavillon servieren zu lassen, war der Barkeeper, um es gelinde zu sagen, schon sehr irritiert. Und da bin ich schon bei einem ziemlich düsteren Kapitel dieses sonst so makellosen Inselparadieses: Der Service war eine Katastrophe, angesichts der exorbitanten Preise eigentlich eine Unverschämtheit. Ob es damit zusammenhing, dass man drei Tage nach unserem Aufenthalt den General-Manager feuerte, der erst drei Wochen vor Ort war, möchte ich dahingestellt sein lassen. Von informierter Seite hörten wir, dass der gute Mann innerhalb von sieben Jahren bereits der fünfzehnte Direktor war. Was der französische Chefkoch während unseres Aufenthaltes über den Jahrtausendwechsel auf den Tisch brachte, war nicht gerade umwerfend. Wieso Signora Mandelli hier keinen Landsmann an den Herd ließ, bleibt uns bis heute ein Rätsel. Aber vielleicht war der Franzose ja auch nur eine Übergangslösung.

Urlaubsgenuss auf höchstem Niveau bieten die sehr geräumigen Gästevillen, die direkt am Strand liegen und mit großzügigem Abstand zueinander keine traute Nachbarschaft aufkommen lassen. Ganz besonders geschätzt hat diese Privacy Lady Di, die hier nicht weniger als vier Mal Urlaub machte: „Der einzige Platz der Welt, wo ich Ruhe finde!“ Dafür machte das Hotel sogar eine Ausnahme von seinen Regeln und ließ ihre damals noch nicht zwölfjährigen Prinzen als Gäste zu. Etwas gestört durch die benachbarte Hotelküche sind nur die Villen 26 und 27. Auch die Bungalows sind ganz in Weiß und Türkis gehalten. Bei all der minimalistischen Farbgestaltung freuten wir uns über eine kunterbunte Naivmalerei und einen farbenfrohen, bizarr zusammengesteckten Früchtebaum. Das elitäre Design wird natürlich von keinem Fernseher gestört, schließlich hat man ja den Blick auf atemberaubend schönes Meer. Das Bad, ebenfalls überdimensioniert, zeichnete sich durch einen zusätzlichen Eingang von der Terrasse aus, sodass man den Sand nicht ins Wohnzimmer trug. Auf der sehr bequem möblierten, überdachten Terrasse fanden wir eine kleine Küchenzeile, wo wir uns nachmittags selbst gerne ein heißes Getränk zubereitet hätten. Trotz mehrfacher Reklamation brachte es der Service nicht fertig, uns mit Tee-, Kaffee-, Milch- oder Zuckertütchen zu versorgen. Doch der mieseste Service konnte uns die Stunden am Traumstrand nicht vergällen und ließ uns unberührt bei einsamen, unvergesslichen Spaziergängen. Selten habe ich mich so wohlig und ungestört von warmen Meeresfluten umspülen lassen und habe so sorglos die Zeit und den Rest der Welt vergessen. Noch heute träume ich von den dramatischen Sonnenuntergängen und schwärme von der luxuriösen Robinsonade auf Barbuda.

Es sei auch nicht vergessen, dass der „K-Club“ über einen Neun-Loch-Golfplatz verfügt und dass die Freunde des weißen Sports zwei Tennisplätze finden. Ein Highlight sind die Massagen. Mit Stephen, einem Masseur aus New York, hat sich das Hotel einen großartigen Fachmann geangelt, der immerhin schon seit über sieben Jahren die Gäste betreut.

Eigentlich ist der kleine, in edles Holz gefasste Pool viel zu schön, um schnöde zum Baden missbraucht zu werden.

facts

K-Club

Barbuda – Antigua, West Indies
Tel. 001 268 460.0300 – Fax 460.0305
E-Mail: k-club@candw.ag

36 Zimmer, 9 Suiten

Mondänes, cooles Designerresort (Krizia!): The Caribbean meets Italy. Treffpunkt der Schönen und Reichen. Kilometerlanger rosafarbener Strand. Der Service ist leider nur mezzo mezzo.

Im „Jumby Bay Island“ wird der Eindruck vermittelt, auf einer vornehmen mexikanischen Hazienda zu wohnen.

Jumby Bay Island

Antigua - Karibik

Auf der kurzen Überfahrt von Antigua nach Long Island durchpflügt das Fährboot gemächlich das türkisfarben schillernde Meer. Immer näher kommen wir einem langen, goldgelben Strand, der von unzähligen Palmen gesäumt wird. Dahinter sieht man leicht gewellte, sattgrüne Wiesenflächen und aus gelben Bougainvilleen- und roten Hibiskuswäldern tauchen vereinzelt spitze Ziegeldächer auf. Über uns spannt sich ein strahlend blauer Himmel, der mit kleinen weißen Baumwollbäuschen gesprenkelt ist. Eine Postkarte mit diesen kitschigen Motiven würde ich verlachen, aber vor Madre Natura verneige ich mich vor Ehrfurcht.

Die paradiesische Abgeschiedenheit Barbudas hatten wir hinter uns gelassen und freuten uns auf etwas mehr Abwechslung auf Long Island; denn von dort ist die turbulente, karibische Mutterinsel Antigua im Bedarfsfalle in zehn Minuten mit der privaten Shuttle-Fähre zu erreichen. Das winzige Long Island gehört fünfzehn privaten Investoren, die sich hier exklusive Residenzen hinsetzen ließen. Einer der stolzen Besitzer ist der Schriftsteller Ken Follett. In guter Entfernung zu ihren Villen ließen diese Persönlichkeiten das „Jumby Bay Resort" bauen, eine der besten Hotelanlagen in der Karibik. Allerdings hatte man bei der Auswahl der mit dem Management betrauten Hotelgruppen keine so glückliche Hand. In den vergangenen Jahren musste das „Jumby Bay" immer wieder geschlossen werden. Erst im November 1999 öffnete das Hotel wieder seine Pforten, nachdem die jamaikanische Hotelgruppe „Elegant Resorts International" es sich einverleibt hat.

Wir befinden uns in einer Enklave der feinen Lebensart und sind in wahrhaft paradiesische Zustände geraten. Zwei schöne, schwarze Wesen

Wer sich nur in Luxus pur wohlfühlt, mietet eine der zwölf exklusiven Villen, deren komfortabel möblierte Terrassen in den puderweißen Strand übergehen.

warten vor der kleinen Rezeption mit einem Elektrokarren, auf den bereits unser Gepäck verfrachtet wurde. Nur ein Fingerzeig des Empfangschef genügt und freundlich lächelnd fahren uns die beiden Jungen zu unserer Unterkunft. Sonnendurchtränkte Farben bestimmen das Gebäude, in dessen Hof wir landen. Wir haben eher den Eindruck, auf einer vornehmen, mexikanischen Hazienda angekommen zu sein. Im Erdgeschoss stehen den Gästen prächtige, offene Salons und eine gediegen möblierte Terrasse zur Verfügung. Über rustikale Holztreppen erreicht man siebenundzwanzig Junior-Suiten. Daneben sind in einem weiteren, sehr mediterran anmutenden Gebäude noch zwölf Suiten mit zwei und drei Schlafräumen untergebracht. Wer es noch großzügiger will, mietet eine der zwölf luxuriösen Villen. Unser Zimmer ist mit allem Komfort ausgestattet, der einen ungetrübten Aufenthalt garantiert. Beherrscht wird der Raum von vier dunklen, gedrechselten Pfosten, die am Kopf- und Fußende eines voluminösen Doppelbettes in die Höhe ragen. Schwere, dunkelbraune Rattanmöbel umgeben dieses wohlige Ungetüm. Von einem bequem möblierten Balkon führt der Blick durch Palmen hindurch zum Strand und zum Meer. Hat man sich morgens schon an dem faszinierenden Sonnenaufgang berauschen können, ist der abendliche Ausblick ein absoluter, optischer Höhepunkt: Wie ein feuerroter Ball versinkt die Sonne in einem unwirklich blau und dunkelgrün glitzernden Wasser. Das Badezimmer in hellem Marmor ist größer als manche normalen Doppelzimmer in Kettenhotels und hat natürlich Meerblick. Tagsüber liegen wir am Strand, werden ständig von den Kellnern der Beachbar mit frischen Tüchern und kühlen Drinks versorgt und nur etwas widerwillig wird beratschlagt, was wir denn sonst noch machen könnten. Denn hier ist so ziemlich alles inklusive im stattlichen Wochenpreis: Wassersport sowieso. Ein Muss ist der Besuch bei den riesigen Schildkröten, den wir mit einer Fahrradtour rund um die Insel verbinden können. Tennis kann man auch am Abend unter Flutlicht spielen und ein Match auf dem Achtzehn-Loch-Golfplatz ist vielleicht angenehmer, wenn es nicht gerade so heiß ist. Croquet ist wohl mehr für Briten und denen überlassen wir auch Shopping-Exkursionen nach Antigua. Viel interessanter finden wir einen Besuch im Spa-Center, denn wir hatten gehört, dass dort die chinesische Therapeutin Su Hua fantastische Reflexzonenmassagen und Akupunkturbehandlungen durchführt. Begeistert waren wir morgens im offenen Beach-Pavillon, wo reizende Mädchen ein vorzügliches Frühstück servierten. Auch mittags erfreuten wir uns in dieser herrlich entspannten Atmosphäre, an den köstlichen, kleinen, leichten Gerichten und an den ausgesprochen hübschen und freundlichen Bedienungen. Dagegen war das Abendessen im historischen „Estate House" eine ziemliche Enttäuschung. Der Koch schien weder der europäischen noch der amerikanischen geschweige denn der karibischen Küche zu trauen. Ein undefinierbares Gemisch, das sich auf unseren Tellern breit machte, ging sehr zurückhaltend probiert fast komplett zurück. Hinzu kam noch, dass hier keine schönen Menschen bedienten, sondern eine Ansammlung von fetten, unfreundlichen Serviermädchen. Einen Stock höher gönnten wir uns in der sehr gemütlichen Bar dafür etwas mehr von der flüssigen Nahrung. Leicht beschwingt radelten wir dann durch die tiefschwarze, tropische Nacht Richtung privatem Refugium und freuten uns auf eine ungestörte Nachtruhe.

Der paradiesische Strand gehört einem fast allein. Nur ab und zu kommt der Kellner der Beachbar um eisgekühlte Tücher und Drinks zu reichen.

facts

Jumby Bay Island

Long Island – Antigua, West Indies
Tel. 001 268 462.6000 – Fax 462.6020
E-Mail: jumby@candw.ag

27 Junior-Suiten, 12 Suiten, 12 Villen

Eine Enklave der feinen Lebensart nahe dem touristisch stark erschlossenen Antigua.

Le Toiny

St. Barthélemy - Karibik

Kenner der Karibik wissen, dass dort jede Insel mit einer ganz eigenen Mischung aus Natur und Geschichte aufwartet. St. Barthélemy oder St. Barth, wie es die Amerikaner abkürzen, ist wahrhaftig eine ganz besondere exklusive Welt im Archipel der Kleinen Antillen oder der „Inseln über dem Wind". St. Barth wird seit über dreihundert Jahren von einer fast ausschließlich weißen Bevölkerung französischen und schwedischen Ursprungs bewohnt. Eingerahmt wird das kleine Eiland von zwanzig goldgelben Sandstränden, die vor kräftigen Seewinden von einer Kette mit kleinen, unbewohnten Inseln geschützt wird. Noch heute ist der größte Teil der Insel im Privatbesitz, deshalb konnten auch Hotelketten nie Fuß fassen. Seit Greta Garbos Zeiten ist die Insel der Geheimtipp für Nobel-Globetrotter. Diese verwöhnte Klientel diskutiert gern darüber, ob man im Hotel „St. Barth Ille de France", dem „Hôtel Carl Gustaf" oder im „Le Toiny" residieren muss. In jeder dieser drei Luxusunterkünfte wird das Savoir-vivre ganz groß geschrieben und es gelten die Attribute: klein – fein – teuer. Berühmte Menschen genießen hier ihr Leben und ihre

*Berühmte Menschen
genießen hier ihr Leben
und ihre Privatsphäre
und wir Normalsterbliche
sitzen am Strand und
warten auf VIP Soundso.*

Unter dem Tüllnetz dieses Himmelbettes könnten sich schon Naomi Campbell, Sylvester Stallone oder Oprah Winfrey geaalt haben – natürlich nicht zusammen.

Privatsphäre wie Götter in Frankreich und wir, Voyeur, Paparazzo oder Otto Normalverbraucher sitzen am Strand und warten auf VIP Soundso. Selbstverständlich wahrt man Fassung und zeigt Desinteresse, wenn sich Sterbliche wie Naomi Campbell, Sylvester Stallone oder Oprah Winfrey zeigen. Schließlich hat man selbst als abgebrühter Jetsetter beim Landen auf dem sehr kurzen und sehr holprigen Mini-Airstrip des Flughafens seine ganze Fassung unter Kontrolle halten müssen. „Le Toiny" liegt ruhig und abgeschieden an der Südostküste in einer von Palmen eingefassten Lagune. Das elegante Luxusanwesen zieht sich einen Hang hoch, der mit Kakteen, den seltenen Gaiacbäumen und großen Gesteinsbrocken übersät ist. Überall sind kleine Gärten angelegt, die mit üppig tropischer Blumenpracht farbenprächtige Akzente setzen. Das Haupthaus und die zwölf Gästebungalows im Kolonialstil erscheinen von außen eher schlicht und unauffällig. Die Überraschung kommt, wenn man sein privates Refugien betritt. In lichtdurchfluteter Weiträumigkeit steht im Wohnbereich handgefertigtes Mahagoni- und Teakmobiliar, nach alten Mustern aus längst vergangenen Kolonialzeiten. Durch den offenen Durchgang sieht man das Schlafzimmer in ein Blütenmeer verwandelt und unter dem Moskitonetz des Himmelbettes liegen köstliche Pralinen auf duftig weißem Leinen. Die riesigen Badezimmer sind weiße Marmorträume mit allem erdenklichen Komfort. Es fehlt weder ein Fernseher noch ein Videogerät und sogar eine voll eingerichtete Küche steht zur Verfügung. Doch der Clou sind die privaten Pools, die ein dominierender Teil von wunderschön möblierten Terrakottaterrassen sind. Hier darf natürlich das Foltergerät, sorry Heimtrainer, für den fitnessbewussten Gast

Ein Clou sind die privaten Pools, die der dominierende Teil der aufwändig gestalteten Terrakottaterrassen sind.

nicht fehlen. Wer auf Privacy Wert legt, findet diese gewahrt: Die Terrassen sind absolut uneinsehbar. Noch nie bin ich von einem Roomservice gefragt worden, ob ich mein Frühstück, Mittag- oder Abendessen im Restaurant oder in meinem Bungalow einnehmen möchte. Hier klingelte das Telefon schon immer Stunden vorher und ich hatte die Qual der Wahl. Morgens und mittags entschied ich mich meistens für meine private Terrasse und abends für das Restaurant „Le Gaiac".

Von der hervorragenden Chefköchin Maxime Deschamps wird französische Küche geradezu zelebriert.

Essen und Trinken sowie das süße Nichtstun in höchstem und ausdauerndem Maße sind Hauptprogramme im „Le Toiny". Wer ohne sportliche Aktivitäten nicht auskommt, kann auf hoteleigenen Fahrrädern die Gegend erkunden, die nahen, schier unausschöpflichen Wassersportangebote nutzen. Wir ließen uns von der sehr charmanten Chefin Laurie Smith einen wahrhaft unvergesslichen Bootstrip zu den Nachbarinseln St. Martin und St. Kitts arrangieren. Nicht nur wegen der wahrhaft traumhaften Seelandschaften wird uns die Exkursion unvergessen bleiben, der Obolus für den Tagestrip war wahnwitzig.

facts

Le Toiny

97133 Saint-Barthélemy, French West Indies
Tel. 001 590 27.8888 – Fax 27.8930
E-Mail: letoiny@saint-barths.com

12 Villen

Das Inselmotto klein, fein, teuer wird in diesem Hoteljuwel perfekt umgesetzt.
Ein Ziel für Nobel-Globetrotter.

*Auf Lombok findet
noch kilometerla
menschenleere Strä
die sich schnurge
zwischen den Wellen
Hainen aus K
palmen entlangzi*

The Oberoi

Medana Beach – Lombok

Warum Lombok so oft als kleine Schwester Balis bezeichnet wird, verstehe, wer kann. Beide Inseln sind fast gleich groß und jede wird von etwa zweieinhalb Millionen Menschen bewohnt. Idana, eine gute italienische Freundin mit eigenem hochherrschaftlichem Anwesen inmitten abgelegener Reisterrassen auf Bali, hatte uns schon in Florenz gesagt: „Für Kultur, Land und Leute ist Bali richtig, aber Badeurlaub verbringt ihr besser auf unserer östlichen Nachbarinsel Lombok. Dort findet ihr noch kilometerlange, menschenleere Strände, die sich schnurgerade zwischen Wellen und Kokospalmen entlangziehen.“

Auf dem Flug von Balis Hauptstadt Denpasar nach Lombok hoppelte unsere kleine Propellermaschine von einem Luftloch ins nächste. Unter uns breitete sich dunkelblau die Java-See aus. Auf unserem Zielflughafen Mataram landeten wir zum Glück schon nach unruhigen zwanzig Minuten. Die Fahrt mit der Hotel-Limousine entführte uns in Szenerien, die sich wohl seit Jahrhunderten nicht verändert haben. Die Straßen waren verstopft mit Pferdetaxis, die über und über mit Glöckchen und Fähnchen geschmückt waren. Dazwischen schaukelten überall Ponywägelchen voll beladen mit Hühnern, Fischen, Gemüse, Früchten und fröhlich winkenden Menschen. Dann fuhren wir durch dichten Regenwald, kamen an sattgrünem Reisfeld-Patchwork vorbei und sahen Bauern, die den von Wasserbüffeln gezogenen Holzpflug tief in die feuchte Erde drückten. Erst auf der geradezu kitschig schönen Küstenstraße vor Senggigi Beach bemerkten wir Hinweisschilder auf Hotelanlagen. Doch an den palmengesäumten kilometerlangen Stränden, abwechselnd strahlend weiß und vulkandunkel, sah man weder Häuser noch Menschen. Wir hörten nur das Rauschen der Brandung, das leise in unser klimatisiertes Gefährt drang.

Das erst im Jahr 1997 eröffnete Resort „The Oberoi“ erreichten wir nach vierzig Minuten

Fahrzeit. Die luxuriöse Villenanlage mit viel Exotik liegt einsam an einem breiten Sandstrand. Unter windzerzausten Palmen sieht man graue Spitzgiebeldächer aus Elefantengras hervorlugen, die in eine künstlich gestaltete Parklandschaft hineinkomponiert sind. Im ersten Moment glaubt man fast, die elegante, luftige Empfangshalle gehe direkt in das spiegelglatte Wasser einer Lagune über. Was wir für den natürlichen Teil des Meeres gehalten hatten, stellte sich aber als riesiger Swimmingpool heraus, der von kleinen Pavillons gesäumt wurde. Jetzt entdeckten wir auch die drei kleinen Gili-Inseln, die dem Strand vorgelagert sind. Dort fanden wir später in fast lauwarmen, smaragdgrünen Tiefen ein Unterwasserparadies mit blühenden Korallengärten und bunten Fischen in allen Formen und mit tausenden von Mustern. Wenn man Glück

Unter windzerzausten Palmen sieht man Dächer aus Elefantengras hervorlugen, die in eine künstlich gestaltete Wasserlandschaft hineinkomponiert wurden.

hatte, konnte man auf den Inselchen einsame, schneeweiße Sandbuchten ohne aufdringliche Sarongverkäufer oder Alternativtouristen entdecken. Hinreichend Buschwerk sorgte für angenehmen Schatten. Tropisches Urlaubsfeeling stellt sich beim Dösen mit der wildromantischen Geräuschkulisse spitzer Schreie von Rhesusäffchen ein. Tipp für Genießer: Auf Air Island kann man sich an einem separaten Strandabschnitt aus dem Beachrestaurant des Hotels verwöhnen und sich köstliche fangfrische Fischspezialitäten, kleine Snacks oder kühle Getränke servieren lassen. Im Vergleich zum ungeschminkten Charme dieser Eilande wirkte das „Oberoi“ schon eher wie eine herausgeputzte Dame der besten Gesellschaft. Doch wer lässt sich nicht gern von einer schönen, gepflegten Frau zu einem Flirt verführen? Die nur fünfzig Gästeunterkünfte verteilen sich auf dreißig „Luxury-Terrace-Pavillons“, acht frei stehende „Luxury-Villas“ und zwölf „Luxury-Villas with Pools“. Die strohgedeckten Terrassen-Pavillons sind in Reihenbungalows untergebracht, wo sich der Gast auf fünf- undvierzig Quadratmetern ausbreiten kann. Als Wohn- und Essbereich bieten sich die uneinsehbaren, schattigen Terrassen an. Die Badezimmer

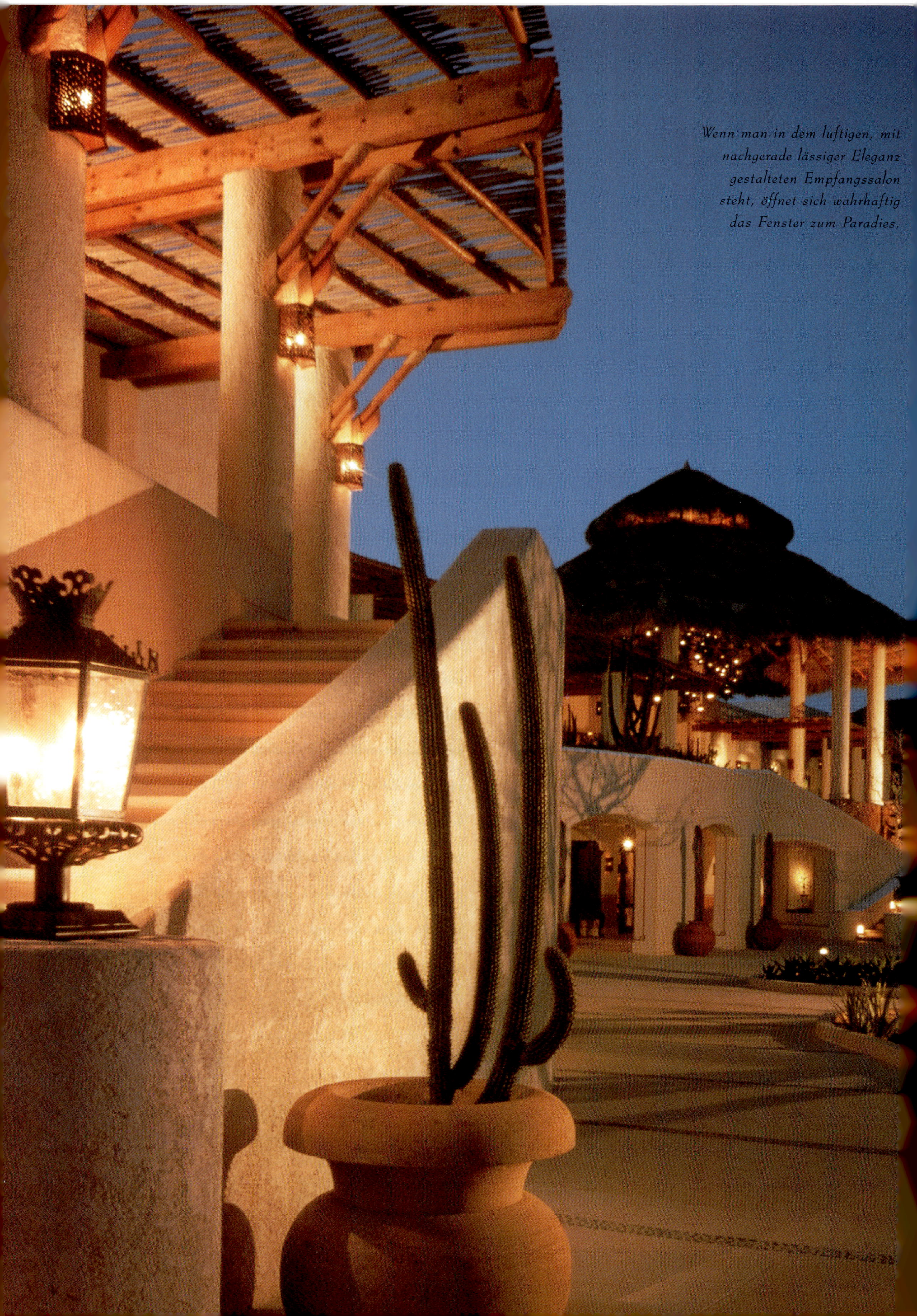

verstecken sich in komfortablen Hütten inmitten von romantischen Gärtchen, von der Umwelt abgeschirmt durch rustikale Steinmauern. Ruhe suchende Gäste sollten darauf bestehen, kein Häuschen zu erhalten, das sich gleich an die Bar oder das Amphitheater anschließt. Den Gipfel des Luxus in dieser von der indischen Hoteliersdynastie Oberoi gemanagten Nobelherberge stellen die Villen dar, besonders die mit kleinen Privatpools. Man verfügt über noch mehr Platz inmitten schlichter Eleganz und landestypischer Möblierung. Zu den Villen gehört eine große Terrasse, ein Garten und ein Innenhof mit separatem Ess- oder Wohnpavillon. Hier kann man sich auch ungestört jeglicher Freikörperkultur widmen; denn eine Mauer, bewachsen mit wunderschön blühenden Rankengewächsen, schützt einen vor neugierigen Blicken.

Inmitten schlichter Eleganz und landestypischer Möblierung kann man sich herrlich ausbreiten und auch der anspruchvollste Gast wird hier keinen Makel finden.

Auch wenn man nicht am Strand liegen oder schnorcheln will, bietet das Hotel reichlich Abwechslung: Wir legten ein Tennismatch ein, tummelten uns in der zentralen Poolanlage, schauten im Beach Club vorbei, durchstöberten die Lädchen oder genossen das Health Center mit Saunen, Masageräumen, Schönheitssalon und Gym-Raum. In der Bibliothek hatte man topmodern die Qual der Wahl zwischen Büchern, Magazinen, Spielen, Videos und CDs. Genauso schwierig war die Entscheidung, wo wir uns um unser leibliches Wohl kümmern sollten. Ungezwungen ging es schon morgens beim Frühstück im „Sunbird Alfresco Café“ zu. Mittags und zum Dinner wurden hier hauptsächlich fangfrischer Fisch, Hummer und indonesische Reistafeln serviert. Elegantes Ambiente erwartete einen im offenen Hauptrestaurant „Lumbung“ mit raffinierter asiatischer und internationaler Küche.

facts

The Oberoi

Lombok, N.T.B., Indonesien
Tel. 0062 (370) 638.444 – Fax 632.496
E-Mail: oberoi@indosat.net.id

30 Terrassen-Pavillons, 20 Villen
(davon 12 mit eigenem Pool)

Traumhaft luxuriöse Villenanlage mit viel Exotik an einem einsamen breiten Sandstrand. Exzellenter Service.

In diesem Paradies lesen die
Bediensteten den Gästen noch
jeden Wunsch von den Augen ab:
fast lautlos und allgegenwärtig,
liebenswürdig und persönlich.

Royal Palm Hotel

Grand Baie - Mauritius

Auf einem Globus entdeckt man Mauritius nur mit einer Lupe – jenseits von Afrika, östlich von Madagaskar. Wer hier spektakuläre Landschaften sucht oder nicht auf Kulturstress verzichten kann, ist fehl am Platze. Dafür bietet die Insel hinreißend schöne, weiße Puderzuckerstrände, die von Riffen – rund um die Insel – geschützt werden. Leider hatte uns niemand gesagt, dass man in der tropischen Winterzeit zwischen Mai und Oktober mit ziemlich kühlen Temperaturen, stürmischen Winden und viel Regen rechnen muss. Baden zu dieser Jahreszeit ist wahrlich ein Härtetest. Vielleicht hing es mit dem unfreundlichen Wetter zusammen, dass wir von unserem ersten Domizil, dem Hotel „Le Touessrok", so enttäuscht waren. Vor einigen Jahren (im Dezember) fanden wir die Unterkünfte komfortabler, das Essen genießbarer und die zum Hotel gehörende Badeinsel „Ile aux Cerfs" nicht so heruntergekommen und überlaufen. So waren wir froh, als wir uns nach sechs Tagen unserem nächs-

Über eine von Palmen und exotischen Pflanzen eingefasste Auffahrt erreicht man den palastartigen Eingangsbereich. Sarotti-Mohren in farbenprächtigen Fantasiekostümen kümmern sich zuvorkommend um die Gäste.

ten Ziel, dem Hotel „Royal Palm“, näherten. Die Autofahrt von der Ostküste nach Grand Baie, dem so genannten Saint-Tropez im Nordwesten von Mauritius, dauerte gut zwei Stunden und außer schier endlos wogenden Zuckerrohrfeldern sah man nichts.

Das Hotel „Royal Palm“ liegt absolut ruhig und exponiert am Rande des kleinen (ziemlich hässlichen) Ortes und fügt sich harmonisch in eine azurfarbene Lagune ein. Eine tropische Wunderwelt tat sich auf, nachdem wir die bewachte Schranke des Anwesens passiert hatten. Über eine von Palmen, exotischen Pflanzen und Blumen eingefasste Auffahrt erreichten wir den palastartigen Eingangsbereich. Sarotti-Mohren in farbenprächtigen Fantasiekostümen schienen nur darauf gewartet zu haben, uns in ihr Reich einzuführen. Waren wirklich fast zehn Jahre vergangen, dass ich dieses Juwel zum ersten Mal betreten hatte?

Noch immer bildet eine Wasserlandschaft, die auch als Swimmingpool genutzt wird, den optisch so reizvollen Mittelpunkt des Zentralbereiches. Überdimensionierte Strandliegen aus Korb mit dicken Polstern sind mehr zur Dekoration am Pool drapiert, als dass sie auf Badeleben hinwiesen.

Das Wasser-Blau, das Korb-Weiss und das Polster-Gelb sehen aus, als hätte sie David Hockney hingemalt. Das „Gemälde" wird von strohgedeckten, spitzen Dächern eingerahmt, die wie frei über der Lobby, der Bar, dem Restaurant, den Terrassen und Brücken schweben. Tagsüber ist jedoch kaum jemand da, der das Kunstwerk bewundern könnte. In der Bar steht einsam und verlassen ein Barkeeper, irgendwo huscht Personal durch die Räumlichkeiten, leise – sehr leise. Wie selbstverständlich stellt man sich um auf das, was der Anblick suggeriert: innere Gelassenheit, äußerliche Schönheit.

Noch immer bildet eine Wasserlandschaft, die auch als Swimmingpool genutzt werden kann, den optisch wunderschönen Mittelpunkt des Zentralbereiches.

Es ist sicher auch die ständige Präsenz des Hausherrn, Jean-Pierre Chaumard, die sich so wohltuend auf den unvergleichlichen Charme des Hauses auswirkt. Nicht nur für indische Kunst, Antiquitäten und Design beweist er einen sicheren Geschmack, auch die Auswahl des Personals verrät eine sichere Hand. Die Angestellten lesen den Gästen jeden Wunsch von den Augen ab: fast lautlos und allgegenwärtig, jedoch nicht aufdringlich; liebenswürdig und persönlich, aber niemals familiär. Selten haben mich so schöne, gepflegte, junge Menschen bedient. Nicht einmal die Anwesenheit des französischen Staatspräsidenten beeinträchtigt andere Gäste. Wir merkten erst nach Tagen, dass Monsieur und Madame Chirac auch gerade ihren Urlaub im „Royal Palm" verbrachten.

Im Jahre 1998 war das Hotel über sechs Monate geschlossen. Eine behutsame Renovierung, die sich besonders auf die Gästezimmer bezog, tastete nichts von der selbstverständlichen Eleganz des Hauses an. Heute sind die siebenundfünfzig Standardzimmer mindestens zweiundfünfzig Quadratmeter groß und verfügen neben möblierten Terrassen auch über geräumige Luxusbadezimmer, die mit dem modernsten, technischen Komfort ausgestattet sind. Die Einrichtung hat absoluten

Die erst kürzlich abgeschlossene Renovierung, die sich besonders auf die Gästezimmer bezog, tastete nichts von der selbstverständlichen Eleganz an.

First-Class-Standard. Nur vom Besten sind die Stoffe, King-Size-Möbel, die handgewebten Teppiche, gemütlichen Sitzecken mit Korbsesselgarnituren. Allein die vielen Bilder und Zierspiegel an den Wänden der Wohn- und Schlafbereiche würden jeder Galerie zur Ehre gereichen, nicht zu vergessen der geschmackvolle Wandschmuck auch in den Bädern und Toiletten. Nur wer über noch mehr Platz verfügen will, mietet sich eine der sechsundzwanzig Senior-, Junior- oder Palmsuiten. Besonders anspruchsvollen Gästen stehen drei ungemein riesige Super-Luxus-Präsidentensuiten zur Verfügung, die sogar Monsieur Chirac zu feudal waren.
Neben kultiviertem, tropischem Luxus werden Sie in jeder Unterkunft täglich mit einem frischen, opulent gefüllten Obstteller verwöhnt. Dieser Überfluss an Vitaminen hielt uns leider nicht davon ab, irgendeine Mahlzeit auszulassen. Morgens freuten wir uns auf das köstliche Frühstücksbüfett, mittags auf die herrlichen Snacks auf der Terrasse im Strandrestaurant und abends zog es uns wie magisch zu den kulinarischen Highlights in das vornehme Ambiente des Open-Air-Restaurants. Überall brilliert die Küche mit einer Mischung aus französischer, indischer und asiatischer Kochkunst.
Entspannung wird im „Royal Palm" groß geschrieben. Wie die meisten Gäste zog es uns jeden Morgen zuerst an den Strand; geduldig verfolgt von den Strandboys des Hotels in ihren weißen Uniformen mit Tropenhelm, bis wir den richtigen Liegeplatz gefunden hatten. Leider mussten wir dann auch in Kauf nehmen, dass sich fliegende Händler wie Aasgeier auf uns stürzten. Eigentlich ist das der einzig winzige, dunkle Fleck auf der sonst so blütenweißen Weste des Urlaubsparadieses. Wer ungestört bleiben möchte, zieht sich auf die

Auf der Terrasse hantiert einsam ein Barkeeper, irgendwo huscht Personal durch die Räumlichkeiten, leise – sehr leise.

Wiesen im Garten zurück, denn der Hotelgrund ist für Einheimische „off limits". Je nach Lust und Laune (und dem Wetter entsprechend) kann man umsonst nach Herzenslust Wasserski fahren, segeln und surfen. Es stehen Tretboote, Kanus, drei Tennisplätze, ein Sqaushcourt, ein Golf-Übungsgreen und ein nahe gelegener Neun-Loch-Golfplatz zur Verfügung. Die auf Körper und Schönheit bedachten Gäste besuchen den modernen Health-Club mit allen erdenklichen Annehmlichkeiten wie Gym, Hammam-Sauna oder Massagen. Die lieben Kleinen fühlen sich bestens im „Miniclub" aufgehoben.

Am frühen Abend, wenn die Sonne im Meer versank und eine stockfinstere Tropennacht zurückließ, kuschelten wir uns genüsslich in die ausladenden Korbsessel auf der Barterrasse, genossen einen „Sundowner Cocktail" und schwelgten in Romantik pur. Vor der malerischen, sanft beleuchteten Kulisse lauschten wir dezenten Pianoklängen, sahen kulinarischen Freuden entgegen und freuten uns auf eine ungestörte Nachtruhe, die nur vom leisen Rauschen der Wellen begleitet würde.

facts

Royal Palm Hotel

Grand Baie, Mauritius
Tel. 00230-209-8300 – Fax 263-8455
E-Mail: rpalm@bow.intnet.mu

57 Zimmer, 26 Suiten, 3 Präsidentensuiten

Eines der besten und schönsten Hotels der Welt. Wer hier war, wird überall sonst dunkle Flecken entdecken.

Alles ist spektakulär wie am ersten Tag. Der große Springbrunnen vor dem Eingangsportal genauso wie die imposante Empfangshalle.

The Wheatleigh

Lenox - Massachusetts

Gut zweihundert Kilometer westlich von Boston kommt man in die dicht bewaldeten Hügel des Berkshire. Heute ist das Gebiet nicht nur wegen seiner malerischen Landschaft ein beliebtes Reiseziel, es gilt auch als Synonym für „Kultur auf dem Land". Über fünfzig Organisationen veranstalten hier das ganze Jahr über Theater- und Ballettaufführungen, Konzerte, Filmvorführungen und Kunstausstellungen. Weltberühmt ist das „Tanglewood Festival" in Lenox, der Sommerresidenz des „Boston Symphony Orchestra".

Eingerahmt von bewaldeten Hügelketten, Seen und großen Weidenflächen liegt am Rande von Lenox das Hotel „Wheatleigh", das im Stil am ehesten einem florentinischen Palazzo ähnelt. Nur ein kleines, unscheinbares Schild weist auf die Einfahrt zum Hotel hin.

Die riesigen, individuell gestalteten Gästezimmer sind komfortabel möbliert, auch wenn die Einrichtung im Laufe der Jahre schon etwas Patina angesetzt hat. Einfach atemberaubend ist der Blick auf den gepflegten Hotelpark, die unendlich erscheinenden Wälder und auf den See.

Im Jahre 1893 war der Palast selbst im reichen Neuengland eine architektonische Sensation, die ein reicher Vater seiner Tochter als Hochzeitsgeschenk präsentierte. Für die Anlage des Parks war Frederik Law Olmsted verantwortlich, der sich bereits einen Namen mit der Gestaltung des Central Park in New York gemacht hatte. Gut neunzig Jahre später entdeckten die Chicagoer Investoren Linfield und Simon das Kleinod wieder und ließen das Anwesen behutsam restaurieren, um es einer anspruchsvollen Klientel als Hotel anzubieten. Heute hat es den Anschein, als seien die Zeiten des Verfalls spurlos an dem Haus vorbeigegangen. Alles ist spektakulär wie am ersten Tag. Der große Springbrunnen vor dem Eingangsportal genauso wie die imposante Empfangshalle. Sorgfältig ausgewählte Antiquitäten und moderne, abstrakte Skulpturen harmonieren mit riesigen Blumenarrangements und einem offenen Kamin mit Putten. Ein besonderer Blickfang sind die originalen, gewellten Tiffany-Fenster. Am Ende der Halle führen drei Glastüren auf eine Terrasse mit weißen Korbmöbeln. Von hier ist der Blick auf den gepflegten Hotelpark, die unendlich erscheinenden Wälder und einen See einfach atemberaubend.

Neun der neunzehn individuell gestalteten Gästezimmer haben einen offenen Kamin und erschlagen einen schon fast mit ihrer Größe. Die Stilmöblierung ist durchaus komfortabel und ausreichend, wenn sie auch schon etwas Patina angesetzt hat. Einen Vergleich mit der Ausstattung in den Salons im Erdgeschoss halten sie in keiner Weise stand. Es bleibt das Geheimnis des Innenarchitekten, weshalb der Charme des Hauses vor den Zimmern Halt macht. Die riesigen Badezimmer würden mit ihrer weißen Sterilität jedem Krankenhaus zur Ehre gereichen. Quasi als Entschädigung fand ich im Park hinter uralten Bäumen einen Swimmingpool mit kleiner Bar und viel Platz zum ungestörten Entspannen.

Eine besondere Attraktion ist das Hotelrestaurant. Schon morgens werden Sie hier mit einem exquisiten Frühstück verwöhnt und abends wird hier zwar sehr formell, aber auch sehr stilvoll erstklassige, internationale Küche zelebriert. Die Kochkünste des Küchenchefs sind weit über die Grenzen Massachusetts bekannt. Seine Menüs aus Maine-Lobster Ravioli, Taubenbrust, gegrilltem Snapper, Antiopenlende, Fruchtsorbets und warmer Schokoladenmousse sind eine lukullische Sensation und beweisen eindrucksvoll, dass die Neue Amerikanische Küche einiges zu bieten hat. Sollten Sie das „Wheatleigh" nicht an Wochenenden, nämlich von Freitag bis Sonntag oder in der Hauptsaison, von Juli bis September, besuchen, dann kann es Ihnen leider passieren, dass das Restaurant geschlossen ist und das Personal auf ein Minimum reduziert wurde.

Stilmobiliar bestimmt den Charakter und den Charme des am ehesten einem florentinischen Palazzo ähnelnden Hotels.

facts

The Wheatleigh

Lenox, MA 01240
Tel. 001 413 637.0610 – Fax 637.4507

19 Zimmer

Kultur auf dem Land gilt als Synonym für Lenox mit dem weltberühmten „Tanglewood Festival". Standesgemäßes Logis in einem nachgebauten florentinischen Palazzo, umgeben von einem herrlichen Park und Swimmingpool.

The Wauwinet

Nantucket - Massachusetts

Inselurlaub „at its best“ hatte ich Freunden versprochen, als sie mich fragten, wo wir nach der Hektik einer Buchmesse in Chicago noch ein paar Tage verbringen könnten. Schon vor einigen Jahren hatte ich mich in die kleine Atlantikinsel Nantucket verliebt, die nur fünfzig Kilometer von der Küste Cape Cods entfernt, aber abseits des Massentourismus liegt. Nachdem ich gehört hatte, dass sich dort eines meiner Lieblingshotels auch noch einem aufwändigen Facelifting unterzogen hatte, war meine Empfehlung nicht ganz uneigennützig.

Vom internationalen Flughafen in Boston brachte uns ein kleines Propellerflugzeug der Cape Air in einer halben Stunde in das Weltzentrum des Walfangs im frühen 19. Jahrhundert. In unserem Mietwagen überschüttete ich meine Begleiter dann auch gleich mit meinen Schwärmereien: „Wir können hier stundenlang an menschenleeren Stränden wandern. In dem romantischen Hauptstädtchen gibt es attraktive Lädchen, ausgezeichnete Restaurants und das interessante Whaling Museum. Schaut euch nur die einmaligen braunen, goldenen und roten Farbtöne der sturmgepeitschten Heidelandschaft an. Wo gibt es so liebevoll, wunderschön restaurierte Holzhäuser? Habt ihr schon einmal so üppige Kletterrosen und so herrliche Sommerblumen in den Vorgärten gesehen? Ihr werdet begeistert sein von der rauen, aber herzlichen Gastfreundschaft der Menschen auf Nantucket.“ Das Hotel „The Wauwinet“ erreichten wir von Nantucket Town aus nach fünfzehn Kilometern. Das schmucke Anwesen aus hellgrauem Holz liegt auf einer schmalen Landzunge zwischen dem Atlantischen Ozean und der Nantucket Bay. Das Meer scheint hier unendlich zu sein und auch der weiße Sandstrand mutet endlos an. Im Haus überzeugte uns eine aufgefrischte, perfekt gelungene Mischung aller Vorzüge, die Neuengland zu bieten hat. Sonnengetränkte Weißtöne beherrschen das romantische Ambiente. Kostbare Antiquitäten,

Grüne, braune und rote Farbtöne sind charakteristische Merkmale der sturmgepeitschten Heidelandschaft, bewacht von einem gewaltigen Leuchtturm.

Das Hotel liegt abseits der Insel-Ortschaften auf einer schmalen Landzunge zwischen den Stränden am Atlantischen Ozean und der Nantucket Bay.

zarte Stoffmuster und riesige Blumengestecke setzen farbliche Akzente. Dem unvergleichlich kultivierten Charme des Hauses hat sich auch das zuvorkommende Personal angepasst. Vereinzelt wird sogar deutsch gesprochen. Wir hatten nie das Gefühl, in einem Hotel zu sein. Es war so, als hätten uns Freunde in ihr Sommerhaus am Meer eingeladen. Die fünfunddreißig Gästezimmer wurden alle individuell eingerichtet – jedes eine komfortable Oase zum Wohlfühlen. Vor den Fenstern hängen duftige Tüllgardinen und geben den Blick auf das Meer frei. Da steht antikes Kiefernmobiliar auf dicken Perserteppichen. Auf gut gepolsterten Sesseln und Sofas kann man sich herrlich ausruhen. Persönliches Flair vermitteln dekorative Weidenkörbe, alte Hutschachteln, Holzschnitzereien, zierliche Bronzeskulpturen und Bücher. Auf dem Schreibtisch liegen Ansichtskarten mit gemalten Motiven des Hotels und dem Namen des Gastes. Nur die Badezimmer, die über jeden Komfort eines Luxushotels verfügen, hätte man ruhig etwas geräumiger gestalten können. Und damit bin ich auch beim Makel des Paradieses: Wer ein Standardzimmer bucht, muss sich auf kleinsten Raum einstellen und schaut erst einmal auf eine kleine Anliegerstraße, einen Parkplatz, Nachbarhäuser und erst dann aufs Meer. Deshalb unbedingt die De-Luxe-Zimmer reservieren lassen. Dort können Sie sich auf viel Platz wunderbar ausbreiten und haben den freien Ausblick auf den Ozean.

Aktivere Gäste vergnügten sich auf dem Tennisplatz, segelten oder erforschten die Insel auf hoteleigenen Mountainbikes. Wir entschlossen uns zu einer dreistündigen „Great Point Natural History Tour" mit einem Jeep durch naturgeschützte Dünenlandschaften: Ein Paradies für Birdwatcher. Beim historischen Leuchtturm erhaschten wir

Die Gästezimmer sind Oasen zum Wohlfühlen. Vor den Fenstern hängen durchsichtige Tüllgardinen, damit ja nicht der Blick aufs Meer versperrt wird.

sogar Blicke auf mächtige Wale, die sich fröhlich in Küstennähe zu tummeln schienen. Für unsere Mußestunden hatten wir die Qual der Wahl zwischen kleinen, gemütlichen Salons, einer urigen dunklen Bar, einer Bibliothek, einer überdachten Holzveranda mit dick gepolsterten Lesesesseln, einer Liegewiese oder dem einsamen Strand.

Ein Glanzpunkt des „Wauwinet" ist das Restaurant „Topper's". Schon das sehr kritische „New York Times Magazine" bescheinigte dem Küchenchef Weltklasse. Allein die vornehm eingedeckten Tische mit feinstem Porzellan, Silberbestecken, edlen Gläsern, Blumengestecken und Kerzenleuchtern sind eine Augenweide. Gleich einem Kunstwerk waren meine heiß geliebten Crabcakes auf den Tellern arrangiert. Noch heute schwärmen wir von den Lammkoteletts mit Steinpilzen, Rinderfilet mit Gnocchi und Artischockenherzen, Maine-Lobster, Thunfisch und geräuchertem Lachs. Eigentlich wollten wir beim Dessert passen, als wir jedoch die köstliche Schokoladenmousse mit hausgemachtem Eis und heißer Himbeersauce auf den Nebentischen sahen, war es vorbei mit dem Kalorienzählen. Es wird mir ewig ein Rätsel bleiben, warum die Pralinen und Küchlein, die zum Kaffee gereicht wurden, auch immer noch begeisterte Abnehmer fanden.

facts

The Wauwinet

Nantucket, MA 02584
Tel. 001 508 228.0145 – Fax 228.6712

29 Zimmer, 6 Suiten

Das Inseljuwel mit direktem Zugang zu zwei Stränden. Hier fühlt man sich wie bei guten Freunden in ihrem Sommerhaus am Meer bestens aufgehoben.

Wenn man in dem luftigen, mit nachgerade lässiger Eleganz gestalteten Empfangssalon steht, öffnet sich wahrhaftig das Fenster zum Paradies.

Las Ventanas al Paraiso

Los Cabos - Mexiko

Nachdem das Luxusresort „Las Ventanas al Paraiso“ im Sommer 1997 auf der mexikanischen Halbinsel Baja California eröffnet wurde, konnte man weder ein Hochglanzmagazin noch eine Reisebeilage einer der großen Tageszeitungen aufschlagen, ohne Lobeshymnen über das neue Schmuckstück der Gruppe „Rosewood Hotels und Resorts“ zu lesen. Die Pressekampagnen wurden zu einem vollen Erfolg: Heute ist das Hotel fast ständig ausgebucht. An der südlichsten Spitze der Baja California, zwischen den Orten Cabo San Lucas und San José del Cabo, fand ich vor einigen Jahren noch ein stilles, abgelegenes Ferienparadies. Im Frühjahr 1999 verband die beiden Städtchen eine autobahnähnlich ausgebaute Straße und die schier endlosen Sandstrände waren mit riesigen Hotelanlagen zugepflastert. Ein abschreckendes Beispiel war das gigantische „Westin Regina“. Früher hatte man vor der Tür noch natürliche Wüstengärten mit unzähligen, bizarren Kakteen, heute schaut man dagegen auf sterile Golfplätze.

Die „Fenster zum Paradies“ öffneten sich erst einmal durch einen theatralischen Torbogen in einer Betonmauer, die als Kulisse jede „Aida“-Aufführung in Verona gesprengt hätte. Dahinter säumten militärisch ausgerichtete Palmen die Auffahrtsallee und eine kalkfarbene Holzwand versperrte den Ausblick auf Baustellen. Erst als wir in dem luftigen, mit nachgerade lässiger Eleganz gestalteten Empfangssalon standen, öffneten sich wahrhaftig die Fenster zum Garten Eden. Vor einem schier unendlich scheinenden, blauen Meer und einem weißen Sandstrand breitete sich eine kunstvoll konzipierte Wüstenlandschaft aus. Durch die Hotelanlage schlängeln sich Wasserläufe, Teiche und Pools, in sandfarbene Steine eingefasst. An ihren sanften Böschungen ziehen sich Meere aus zartfarbenen Wüstenblumen hoch. Zwischen den weiß getünchten Gästebungalows sahen wir fein säuberlich geharkten Sand mit verstreut gepflanzten Kakteen, Sträuchern und Pinien. Auf den Terrassen, Brückchen und Treppen bildeten bizarr geformte Gewächse in mächtigen Terrakottatöpfen und große Fische aus Stein effektvolle Akzente. Erst beim zweiten Hinschauen entdeckten wir auf den Häusern unzählige Schornsteine, die als schmutzige, verrußte Flecken so gar nicht in das Paradies passten. Meine Frage, ob das Resort schon vor der Rosewood-Ära gebaut worden sei, fand der Manager gar nicht witzig und ich musste mir den Rüffel gefallen lassen: „Hier finden Sie nichts Altes! Der Besitzer, Javier Burillo Azcarrage, Spross einer steinreichen mexikanischen Mediendynastie, hat selbstverständlich alles neu von dem amerikanischen Architekten Hal Thannisch bauen lassen. Wir bieten unseren Gästen ein modernes, perfektes Urlaubsparadies.“ So große Worte reizen ja gerade zum Widerspruch und

Die Dachveranden der Luxus-Gästezimmer sind wirklich weiß-blaue Wohnträume aus Bequemlichkeit und Eleganz.

schon nach kurzem Aufenthalt waren wir darauf eingestimmt: Wegen der starken Brandung und gefährlicher Strömungen muss man auf das Schwimmen im offenen Meer verzichten; rund um die Pools stehen die Liegestühle dicht an dicht und sind morgens um acht Uhr bereits belegt; wer seine Suite im Haus Nummer „Vier“ hat, bekommt den Krach und die Gerüche des Küchenabzugs gratis. Wir hatten das Pech, dass es Anfang April lausig kalt war, und so stellte sich heraus, dass die Anlage eigentlich nur ab fünfundzwanzig Grad Celsius im Schatten funktioniert. Die Klimaanlagen waren nur auf Kühlung eingestellt, wohnen sollte man auf den möblierten Terrassen; denn im Schlafzimmer stand nur ein ungemütlicher Sessel, von einer Schreibmöglichkeit ganz zu schweigen. Ein offener Kamin ist zwar dekorativ, doch wer kann schon bei kaltem Rauch schlafen? Nur bei schönem Wetter sind die Terrassen nämlich wirklich wahre weiß-blaue Wohnträume aus Bequemlichkeit und Eleganz. Wir aalten uns – dick eingemummelt – auf weichen Polstern mit Unmengen weißer und blauer Kissen. Wir konnten uns in wuchtigen Korbsesseln dem Lesevergnügen hingeben und hätten uns auch gerne im dem kleinen Jacuzzi aufgewärmt, doch leider blieb das Wasser auch nach zwei Stunden Blubbern eiskalt. Wenn man die Erwartungen nicht zu hoch schraubt und ein etwas gestörtes Verhältnis zwischen Preis und Leistung akzeptiert, gehört das „Las Ventanas al Paraiso“ schon zu den Traumhotels der Welt: Die einundsechzig Suiten und vier Villen mit eigenem Swimmingpool vermitteln einen etwas aufgesetzt-neureichen Luxus in bester Ausführung. Großzügigkeit und Harmonie bestimmen das Interieur. In helle Steinfußböden sind Kieselsteinmosaiken eingelassen, die sich wie Wandfresken an den Kopfenden der Betten wiederholen.

Auf der Privatterrasse aalt man sich auf dicken Polstern mit Unmengen Kissen. Dort schmeckt ein kleiner Champagner-Imbiss besonders gut.

Die Poolbar mit dem „Sea Grill" soll an eine griechische Taverne erinnern. Allerdings sind die Gerichte auf den Geschmack der überwiegend amerikanischen Gäste eingestellt. Der europäische Gast bevorzugt da doch eher den naturbelassenen, kilometerlangen, fast menschenleeren Strand.

Mexikanisches Handwerk drückt sich in den kunstvoll geschnitzten Türen, Schränken und Truhen aus, während die vielen getöpferten Vasen und Plastiken als Reminiszenz an die Kreativität der alten Inkas gedacht sind. Natürlich müssen Sie auf modernste Technik nicht verzichten. Ein Clou sind die Teleskope: tagsüber bekommt man vielleicht einen Wal vor die Linse und nachts kann man beim Beobachten der Sterne in unbekannte Sphären vordringen. Für wohliges „Savoir-vivre" sorgen die imponierend prächtigen Badezimmer mit Ankleidebereich. Unter dem intensiv süßlichen Duft der hauseigenen Pflegeserie „Lady Primrose" hatte ich schon in anderen Rosewood-Hotels gelitten. Unsere Tage verbrachten wir mit stundenlangen Wanderungen am fast menschenleeren Strand, lieferten uns Wettkämpfe auf dem benachbarten Golfplatz „Cabo Real" und staunten über Gäste, die trotz der Kälte mit den hoteleigenen Yachten zum Fischen oder Tauchen ausliefen. Ein absoluter Genuss waren die Besuche im spektakulär gestalteten Spa-Center mit Fitnessraum. In kleinen Bungalows, die sich um einen Innenhof mit Ruheflächen, Saunen und Dampfbad gruppieren, ließen wir uns von ausgezeichneten Fachkräften mit Massagen, Schönheitsbehand-

lungen und Gesundheitstherapien verwöhnen. Die Poolbar mit dem „Sea Grill" soll wohl an eine griechische Taverne erinnern: eine ziemlich kitschige weiß-blaue Komposition aus pseudorustikalen Stühlen und Tischen, Leinenstoffen, Steingutgeschirr und dicken Gläsern mit blauem Rand. Auf den Geschmack der überwiegend amerikanischen Gäste waren die Gerichte eingestellt. Mich schüttelt es heute noch, wenn ich an die frittierten Fische und Krustentiere denke.

Abends verwandelte sich das „Las Ventanas" wahrhaftig in ein Zauberreich. Von sämtlichen Terrassen funkelten die Flammen der Gaslaternen und ungezählte Fackeln loderten in die Nacht. Die beleuchtete Poollandschaft bildete ein unwirkliches Feld wie ein strahlend grüner Riesen-Edelstein. Außer dem Rauschen der gewaltigen Brandung hörte man nichts. Mit der Realität wurde man erst wieder konfrontiert, wenn man sich zum Dinner im vornehmen „The Restaurant" entschlossen hatte. Man muss schon einen kräftigen Magen haben, um die meistens mit fetten Saucen zugedeckten Hauptgerichte mit schweren Bohnenbeilagen genießen zu können. Gern überließen wir den Gourmands „The Restaurant" und folgten den Empfehlungen der Concierges in nahe gelegene mexikanische Lokale.

facts

Las Ventanas al Paraiso

Cabo San Lucas, San José del Cabo
Baja California Sur 23400 México
Tel. 0052 114.40300 – Fax 114.40301
E-Mail: lvap@cabonet.com.mx

61 Suiten, 4 Villen mit eigenem Pool

Wer leicht überkandidelten Luxus mag, wird an diesem Fenster zum Paradies keinen Anlass zum Tadeln finden. Man „wohnt" auf der Terrasse mit Meerblick. Sehr gutes Spa.

La Casa que Canta

Zihuatanejo - Mexiko

Wer zum ersten Mal nach Mexiko kommt, muss in sein Reiseprogramm die Besichtigungen der Hinterlassenschaften der Azteken sowie die Pyramiden, Tempel und Paläste der Maya einplanen. Genauso ist Mexico City ein Muss. Nicht nur weil sie heute die größte Stadt der Welt mit über zwanzig Millionen Einwohnern ist, sondern auch wegen ihrer vielen Sehenswürdigkeiten und Museen mit den bedeutendsten Kunstschätzen der Nation. Danach gibt es nur eines: sich am strahlend blauen Pazifik in der weiten Bucht von Zihuatanejo zu erholen. Von Mexico City erreicht man den internationalen Airport Ixtapa in fünfzig Minuten. Gespannt fahren wir unserem Ziel entgegen, dem Hotel „ La Casa que Canta". Zum Glück haben wir den mit entsetzlichen Bettenburgen verschandelten Strand von Ixtapa schon weit hinter uns gelassen und auch einen Abstecher in den als verträumt gepriesenen Fischerort Zihuatanejo ziemlich enttäuscht hinter uns gebracht, als wir nach knapp zwanzig Kilometern unsere Urlaubsoase direkt am Pazifischen Ozean erreichen.

Ein Lied über Verführung und Glückseligkeit tönt spontan auf, sobald man das schwere Holztor der „Casa que Canta" passiert hat. Wir stehen vor einem mexikanischen Märchenschloss mit dicken terrakottafarbenen Lehmmauern. Unter ungezählten wuscheligen Strohdächern verbergen sich terrassenförmig hochgezogene Schachteln, sprich Häuschen, deren Balkone auch kleine Ausgaben dieser putzigen Hüte tragen. Zusammen mit dem mexikanischen Architekten Enrique Muller haben das Besitzerehepaar Yvonne und Jacques Baldassari größten Wert darauf gelegt, dass die Bauweise und die Farben ihres Refugiums in absolutem Einklang mit den dramatischen Konturen der Felsküste und der traumhaften Meereslandschaft stehen. Da ist zu einem das

Ein mexikanisches Märchenschloss mit dicken terrakottafarbenen Lehmmauern und atemberaubenden Poolanlagen.

Besonders nach dem Sonnenuntergang entfaltet die Hotelanlage ihren Zauber: Auf der Restaurantterrasse fühlt man sich in absolutem Einklang mit der überwältigenden Natur.

Zentralgebäude, das von einem Open-Air-Restaurant und offenen Lounges umgeben wird, und zum anderen gleich daneben die karge Lehmarchitektur der in drei Sektionen eingeteilten Gästeunterkünfte, die sich wie Adlerneste an den Klippen hochziehen. Überall hat man den Ausblick auf das Meer oder schaut auf Terrassen mit exotischer Blumenpracht und malerische Poolanlagen. Sogar neben dem Conciergetisch ist die Natur ins Haus geholt worden: Dort stehen wir vor einem „Indoor-Strand" mit Kakteen, tropischen Bäumen und Sträuchern. Die vielen Kunstgegenstände wie handbemalte Fliesen, Mosaike, Keramiken, Skulpturen, rustikale Holzbänke, -stühle, -schränke und -kommoden würden jedem Volkskunstmuseum zur Ehre gereichen. Für den authentisch mexikanischen Touch sorgen Arbeiten, die den Werken des berühmten mexikanischen Paares Frida Kahlo und Diego Rivera nachempfunden sind. Das Hotel „Casa que Canta" bietet vierundzwanzig Suiten, die nicht nur alle einen atemberaubenden Meerblick bieten, sondern auch mit allen Annehmlichkeiten ausgestattet sind, die ein exklusives Paradies auszeichnen. Es stehen weiß bezogene King-Size-Betten in lichtdurchfluteten Schlafsanitäre Räume, in denen inmitten von glänzendem Granit und Holz Unmengen weichen, weißen Frottees zu finden sind. Natürlich gibt es eine Dusche und das WC mit separatem Bidet. Ein Clou ist unsere riesige, überdachte Terrakottaterrasse,

Beeindruckend sind die riesigen überdachten Terrakottaterrassen, deren dominierender Teil ein wunderschöner privater Pool ist.

zimmern. Ein ganz persönlicher Gruß sind die Blumenmuster, die jeden Tag mit Blütenblättern auf die Betten gezaubert werden. Es gehört schon einige Überwindung dazu, diese wunderschönen Handarbeiten wieder zerstören zu müssen. Die Wohnbereiche sind mit rustikalen Möbeln eingerichtet. Dort steht eine Kommode mit naiver Malerei, da ein Stuhl mit einem Landschaftsgemälde oder ein wuchtiger Tisch mit Intarsienverzierungen. Die Bäder sind komfortable, die in den privaten Pool übergeht. Damit haben wir noch zusätzlich einen offenen Wohnbereich, der zu jeder Tages- und Nachtzeit zum Baden einlädt. Jedes der Gästerefugien trägt den Namen eines mexikanischen Liedes. Im Sonnenflügel wohnt man dann in „Besame Mucho", während man im Meertrakt versucht, die Melodien von „Amapola" oder „México Lindo" aus dem Kopf zu bekommen. Unsere Master Private Pool Suite „Valentina" ist in der Mondsektion

Die Gästerefugien sind Adlerhorste, die an steilen Klippen zu kleben scheinen. Die Wohnbereiche sind mit rustikalen Möbeln eingerichtet. Unter Strohdächern steht eine Kommode mit naiver Malerei, da ein Stuhl mit einem Landschaftsgemälde, dort ein kleiner Tisch mit Intarsienverzierungen oder ein Fabeltier aus Steingut.

untergebracht. Der feudale Adlerhorst scheint wie an steilen Klippen zu hängen, von unten schallt nur das Lied der Wellen zu uns herauf und wir haben nur den Wunsch, diesen Platz nie wieder verlassen zu müssen. Die Neugierde treibt uns natürlich doch auf Entdeckungstour.

Irgendwann haben wir aufgehört, die Treppenstufen zu zählen, die uns zu den Swimmingpools und ungezählten Terrassen führen. Doch die Kletterpartien lohnen sich, noch nie habe ich so hinreißend schöne Pools und Terrassen mit so spektakulären Aussichten gesehen. Ständig wechseln die Ausblicke auf die weite, stahlblaue Bucht und auf die dicht bewaldeten Hügel. Im oberen Süßwasserpool spielte immerhin eine der schönsten Liebesszenen des Films „When a Man Loves a Woman" mit Andy Garcia und Meg Ryan. Der untere Salzwasserpool ist aus einem Felsenriff herausgearbeitet worden und liegt auf Meereshöhe.

Abends könnte man stundenlang auf die in fast unwirkliches Licht getauchten Pools schauen, das Wasser leuchtet dann ständig in anderen Farben, wie bei einem kostbaren Edelstein. Genauso irreal wirkt dann die Märchenburg aus festem Lehm, die von zigtausend Glühbirnchen in Palmen, Büschen und Bäumen beleuchtet wird. Wir sitzen auf der

In dem Pool spielte eine der schönsten Liebesszenen des Films „When a Man Loves a Woman" mit Andy Garcia und Meg Ryan. Abends könnte man stundenlang auf die in fast unwirkliches Licht getauchten Pools schauen, das Wasser leuchtet dann ständig in anderen Farben.

Restaurantterrasse und genießen beste mexikanische Küche mit fangfrischem Fisch, von den Spitzenköchen Umberto und Laura Barreneckea de Caraza zubereitet. Immerhin gelten die Eheleute in Mexiko als die Kochexperten, ausgewiesen als Autoren berühmter Kochbücher. Playa de Ropa heißt der schönste Strand an Zihuatanejo-Bucht. Vom Garten der „Casa que Canta" sind es keine fünf Minuten zu Fuß und wir stehen an dem kilometerlangen Puderzuckerstrand, der in das warme, kristallklare Wasser des Pazifiks übergeht. Einige Buden und ein paar Betonpfosten von Appartementanlagen hinter dem Strand kann man ja übersehen. Nicht zu übersehen sind die Liegestühle des Hotels „Villa del Sol", ein Luxushotel am Playa la Roya, das dem Deutschen Helmut W. Leins gehört. Man sollte die beiden Hotels nicht vergleichen. „Villa del Sol" ist ein großartiges Strandhotel, dem aber nicht der Hauch des Ungewöhnlichen und Romantischen anhaftet, der das „Casa que Canta" so einmalig macht.

facts

La Casa que Canta

Zihuatanejo, Guerrero 40880 México
Tel. 0052 755 465-29 - Fax 479-00
E-Mail: cacaquecanta@podernet.com.mx

6 Master Private Pool Suites, 2 Private Pool Suites, 13 Grand Suites, 3 Terrace Rooms

Das Nonplusultra an der mexikanischen Pazifikküste. Hier stimmt einfach alles: schlichter Luxus at its best.

The Castle at Tarrytown

Tarrytown - New York

New Yorks Wolkenkratzer lagen nur vierzig Minuten hinter mir, als der Zug in Tarrytown hielt. Mein Ziel schien Welten von der Hektik Manhattans entfernt zu sein. Vor mir lag ein verschlafenes Städtchen, das sich vom hier mächtigen Hudson River sanft den Hügel hochzog. Ein kolossales Bauwerk im so genannten normannischen Castle-Historismus überragte den Ort. Es war das Hotel „The Castle of Tarrytown". Um die Jahrhundertwende ließ sich der Journalist, Geschäftsmann und General Howard Carroll hier seine Privatfestung bauen. Auf Wunsch des Bauherrn nahmen sich die Architekten die wichtigsten Vorstufen der französischen Kathedralgotik zum Vorbild und errichteten eine Burg zum Wohnen, die zum Wahrzeichen einer ganzen Region wurde.

1992 war es ausgerechnet ein deutsches Ehepaar, das sich in diesen Stein gewordenen Traum mit gigantischen Mauern verliebte. Steffi und Hanspeter Walder kauften das Anwesen, brachten Unsummen für Renovierungs- und Umbauarbeiten auf und präsentierten der Öffentlichkeit ein Luxushotel, das heute zu den schönsten Hideaways in Amerika gehört. Mit großem Können und herzlicher Gastfreundschaft leiten Steffi Walder und der Direktor Philip Hughes das Hotel und lassen sich dabei von bestens ausgebildetem Personal unterstützen. Wenn es seine Zeit als Direktor einer Schweizer Bank in New York erlaubt, steht im Hotel auch Ehemann Hanspeter seiner charmanten Gattin zur Seite.

Schon die Empfangshalle des Castle beeindruckt mit Wänden aus naturbelassenen Granitblöcken,

Unweit von New York wurde eine Burganlage im so genannten normannischen Castle-Historismus zu einem der schönsten Hideaways in den USA ausgebaut.

Ein kulinarisches Fest ist das Essen in dem vornehmen Hotelrestaurant „Equus“, das bei „Manhattans food victims“ bereits einen hervorragenden Namen hat.

gotischen Fenstern, glänzendem Steinfußboden, auf denen kostbare Teppiche liegen, handgearbeitetem Eichenmobiliar und üppigen Blumen- und Pflanzenarrangements. Ritterromantik pur begleitete mich auf einem kleinen Rundgang. Zuerst kam ich in die strahlend weiße Haupthalle und war fasziniert von einem wunderschönen, aus Marmor gearbeiteten Treppengeländer. Ich sah intime Salons mit offenen Kaminen, überall antike Kerzenleuchter, sanft glänzende Ölgemälde, theatralisch gerahmte Spiegel, massive Eichentreppen und gemütliche Sitzecken, die sogar in Fensternischen integriert waren. Ein Meisterwerk nachempfundener gotischer Baukunst war die so genannte „Great Hall“. Hier lassen sich Feste feiern: Inspiriert bewunderte ich die hohe Holzdecke mit mittelalterlichen Motiven, die riesigen, farbigen Spitzbogenfenster und eine Empore, die als Musikbalkon genutzt wurde. Zu einem Begrüßungstrunk wurde ich in die behagliche „General's Bar“ eingeladen und ich glaubte meinen Gastgebern, dass man bei guter Sicht von der verglasten Veranda aus einen schönen Blick auf die New Yorker Skyline habe. Bevor ich in mein Privatgemach entlassen wurde, musste ich mir noch den „Oak Room“ ansehen. Die Carroll-Familie hatte diesen historischen Raum aus dem 17. Jahrhundert einst für ihr elegantes Ferienhaus in Saint-Germain-des-Prés bei Paris erworben. Nachdem ihre Burg fertig gestellt war, brachten sie den „Oak Room“ komplett nach Tarrytown und ließen ihn originalgetreu in die Burg einbauen.

Feudal in Amerika: In meiner großzügigen und gleichzeitig heimeligen Turmsuite fühlte ich mich wahrhaftig fürstlich aufgehoben. Ich residierte inmitten wertvoller, europäischer Antiquitäten und Kunstwerke, entspannte mich vor einem offenen Kamin in dick gepolsterten Sesseln und ließ mir frisches Obst und köstliche Pralinen schmecken. Schade, dass ich allein reiste; denn das voluminöse Himmelbett, mit edler belgischer Baumwollbettwäsche bezogen, wäre zu zweit eine herrliche Spielwiese gewesen. Elegant drapierte Fenster boten atemberaubende Ausblicke auf das Tal des Hudson mit seinen dicht bewaldeten Hügeln. Selbst-

Man residiert inmitten wertvoller europäischer Antiquitäten. Das voluminöse Himmelbett ist eine herrliche Spielwiese für zwei.

verständlich findet man sämtliche Einrichtungen der modernsten Technik in das vornehme Interieur integriert. Eine wohlige Oase aus italienischem Marmor war das Badezimmer. Auch hier fehlte nichts, was zu einem Luxusrefugium gehört, Make-up-Spiegel, Unmengen flauschigen Frottees und hauseigene Bademäntel eingeschlossen. Es muss ja nicht unbedingt eine der zehn Suiten sein; denn auch in den einundzwanzig De-Luxe-Zimmern wird exzellenter Wohnkomfort geboten. Ein kulinarischen Fest war das Essen in dem vornehmen Hotelrestaurant „Equus“. Seit Juni 1998 kümmert sich der belgische Meisterkoch mit dem klangvollen italienischen Namen Fabrizzio Salerni um das leibliche Wohl der Gäste. Schon nach kurzer Zeit hat er sich bei „Manhattan food victims“ einen wohlklingenden Namen gemacht.

Für die sportlichen Gäste steht nicht nur ein Fitnessraum zur Verfügung, seit dem Frühjahr 1999 gibt es im Garten auch einen offenen, beheizten Swimmingpool. Für Golfer liegt der nächste Sechsunddreißig-Loch-Meisterschaftsplatz nur zwölf Kilometer entfernt und Gäste des Hotels werden hier gern gesehen. Für Kulturbeflissene bieten sich in der Umgebung interessante Sehenswürdigkeiten an: „Sunnyside“, das Haus des Diplomaten und Schriftstellers Washington Irving („Tales of the Alhambra“); „Kykuit“, einst Heim von vier Rockefeller-Generationen (heute ein öffentliches Museum) oder „Philipsburg Manor“, eine alte Wassermühle, die noch heute in Betrieb ist. Außerdem ist „Big Apple“ schnell und bequem zu erreichen.

facts

The Castle at Tarrytown

Tarrytown, NY 10591
Tel. 001 914 631.1980 – Fax 631.4612
E-Mail: tarrytown@realaischateaux.fr

21 Zimmer, 10 Suiten

Absolute Ruhe auf den Hängen des Hudson Valley – nur eine Autostunde von Manhattan entfernt.

Romantik pur in einem Zuckerbäckerreich mit lauschigen Gärten. Besonders schön ein Teesalon, in dem nur die Hotelgäste mit köstlichen Leckereien verwöhnt werden.

The Fearrington House

Pittsboro - North Carolina

Pittsboro in North Carolina war das letzte Etappenziel unserer „Ferien vom Ich“. Als wir von Keswick in Virginia aufbrachen, lagen gut vierhundert Kilometer vor uns. Es schien uns, als würde die Tour nie enden. Fast auf der ganzen Strecke nichts als schnurgerade Highways, die durch undurchdringliche Wälder geschlagen waren. Gab das dichte Grün wirklich einmal einen Durchblick frei, begrüßten wir ihn wie ein Licht in dunkler Nacht. Erst bei Durham fühlten wir uns der Zivilisation wieder etwas näher. Der Wald lichtete sich und ging in eine weite, liebliche Wiesen- und Seenlandschaft über.

Wer in Fearrington Landleben „at its best“ genießen möchte, kann auch zum internationalen Flughafen Raleigh-Durhan fliegen, der nur dreißig Kilometer von dem Dörfchen entfernt liegt. Übrigens wurde in Fort Raleigh die erste britische Kolonie in der Neuen Welt gegründet. Als gut informierte Reisende wussten wir auch, dass im Jahre 1974 R. B. Fitch und seine Frau Jenny die alte Fearrington-Farm mit riesigem Landbesitz gekauft hatten. In Europa hatte sich das Ehepaar in den Cotswolds und der Provence Anregungen geholt, um ein romantisches Village Center zu kreieren, das zum Mittelpunkt einer gepflegten Villen- und Bungalowsiedlung werden sollte. Wir hatten freilich eher den Eindruck, die naive Malerei von Grandma Moses habe für den Kern Fearringtons Pate gestanden. Schwarzweiß gefleckte Kühe grasten friedlich auf saftigen Wiesen hinter strahlend weißen Gattern. Das idyllische Bild wurde von einem uralten Getreidesilo und einer großen Scheune beherrscht. Dahinter erweiterte sich die Straße zu einem quadratischen Platz mit alten Bäumen, blühenden Sträuchern und bunten Blumenrabatten. Sechs kleine, weißgrau gestrichenen Häusergruppen rahmten das malerische Viereck ein. Ein Spielzeugladen hätte das Schaufenster nicht schöner dekorieren können. Angenehme Realität war dann aber das freundliche Grüßen der Passanten und die einladenden Hallos, als wir an einem schnuckeligen Café, der Buchhandlung, einer Puppenstuben-

Apotheke, einer Bank, der Dorf-Boutique, einem Beauty-Salon, dem Kleinstadt-Juwelier und dem Blumenmarkt vorbeibummelten. Unser Hotel „The Fearrington House" als markanter Teil dieser beschaulichen Szenerie konnte man gar nicht verfehlen.

Das Hotelrestaurant ist ein separates kleines Südstaatenhaus. Der Chefkoch lässt hier exquisite Menüs servieren, die sich stark an der italienischen Küche orientieren.

Deutsche Gäste mussten in diesen Breiten wohl sehr exotisch wirken; denn in dem putzigen Rezeptionshäuschen wurden wir innerhalb weniger Minuten von einer Schar dienstbarer Geister umringt. Ein junger Mann, der sich als Richard M. Delany vorstellte und der Herr Direktor war, musste erst einmal ein Machtwort sprechen, bevor sich sein Personal wieder der Arbeit zuwandte. Danach ließ er es sich nicht nehmen, uns durch sein Zuckerbäckerreich zu führen. Zuerst gelangten wir in einen lauschigen Garten, mussten im Teesalon (hier werden die Gäste nachmittags zu Kaffee und Kuchen eingeladen) unseren Begrüßungstrunk nehmen, wurden dann im Sun-Room auf die anheimelnde Atmosphäre hingewiesen und durften den Rosengarten nicht verlassen, bevor wir die gemütliche Holzterrasse, den Springbrunnen, moderne Skulpturen und einen Pavillon gebührend bewundert hatten. Mit Romantik pur überzeugten uns auch die sechzehn Gästezimmer und die fünfzehn Suiten. In jeder Unterkunft wies Richard stolz auf die antike Möblierung hin, ließ uns dick geposterte Sessel und Sofas ausprobieren, zeigte uns Kunstwerke von einheimischen Künstlern und schwärmte von den kostbaren englischen Stoffen an den Fenstern. Ehrlich und nicht nur pflichtbewusst bestaunten wir die komfortablen Betten, mit ungezählten Seidenkissen übersät, und lobten die liebevoll arrangierten Weidenkörbe mit Obst, Getränken und Naschereien, die hier die banale Minibar ersetzen. Um unseren liebenswürdigen Gastgeber nicht zu enttäuschen, enthielten wir uns der Kritik an einigen winzigen Standardzimmern und den kleinen Badezimmern. Man sollte gleich eine Suite mieten; denn Großzügigkeit, gepaart mit Luxus und Romantik, ist hier noch erstaunlich günstig zu haben. Nie hätten wir gedacht, dass das Essen auch hier wieder der angenehmste Teil unseres Aufenthaltes werden sollte. Das „Fearrington House Restaurant“ war ein separates, kleines Südstaatenhaus und mit dem Hotel durch einen Garten verbunden. Morgens wurden wir hier mit einem reichhaltigen Frühstück verwöhnt, sodass wir mittags gut auf den Lunch verzichten konnten. Das Warten auf festliches Dinieren wurde außerdem nachmittags mit herrlichen hausgemachten Kuchen verkürzt. Der hoch gelobte Chefkoch, Cory Mattson, ließ uns exquisite Menüs servieren, die sich stark an der italienischen Küche orientierten. Selten haben wir so ausgezeichnete Gorgonzolaravioli mit geräucherter Tomatensauce, Muscheln mit Risotto, Landschinken mit Safranweinsauce, gegrillte Lammkoteletts in süßlicher Bourbonsauce oder Wildlachs mit Zitronen-Crème-fraîche gegessen. Wer dem Süßen nicht so zugetan ist, sollte unbedingt die Terrine mit Stilton-Käse, Walnüssen, getrockneten Früchten und hausgemachten Crackers probieren. Auch auf sportliche Aktivitäten muss man nicht verzichten. Es gibt eine reiche Auswahl an beschilderten Wanderwegen. Auf den Plätzen der „Fearrington Tennis Association“ sind Hotelgäste herzlich willkommen, genauso im öffentlichen Swimmingpool oder auf dem Boccia- und Croquetfeld der kleinen Gemeinde. Zum nächstgelegenen Achtzehn-Loch-Golfplatz fährt man mit dem Auto nicht einmal zehn Minuten. Als nahe, lohnende Ausflüge bieten sich die Orte Pittboro, Chapel Hill, Raleigh oder der Jordan Lake und der Research Triangle Park an.

Im Garten steht man staunend vor einem Springbrunnen mit modernen Skulpturen und einem filigranen Pavillon, an dem wunderschöne Kletterrosen emporranken.

facts

The Fearrington House

Pittsboro, North Carolina 27312
Tel. 001 919 542.2121 – Fax 542.4202
E-Mail: fci@mail.interpath.net

16 Zimmer, 15 Suiten

Schöner kann man im Süden der USA das Landleben nicht genießen. Für das Ambiente könnte die naive Malerei von Grandma Moses Pate gestanden haben.

Auch im winterlichen Weiß wir das „bezauberndste Stadtho der Welt“ wie ein verwunschen Märchenschloss, das vom bron: nen Apoll bewacht wi

Hotel Schloss Mönchstein

Salzburg - Österreich

Gut getarnt: Schon zum dritten Mal umrundete ich auf der engen Umgehungsstraße die Salzburger Altstadt und fand nicht die Augustinergasse, die mich zu meinem Ziel auf den Mönchsberg führen sollte. Erst als ich mich traute, durch den Hof des urtümlichen Augustiner-Bräus und des Klosters Mülln zu fahren, merkte ich, dass ich auf dem richtigen Weg war und hier auch ein Schild auf das „Hotel Schloss Mönchstein“ hinwies. Dorthin lockte mich das vollmundige Versprechen, das „bezauberndste Stadthotel der Welt“ kennen zu lernen. Salzburger Urgestein erwartete mich: Die Chronik des „Hotels Schloss Mönchstein“ geht auf das Jahr 1350 zurück, als es erstmals urkundlich als Tetelheimer Turm erwähnte wurde. 1654 ging das Anwesen in den Besitz des Stifts St. Peter über. Im 19. Jahrhundert gehörten Kaiserin Elisabeth und Alexander von Humboldt zu den berühmten Gästen des Hauses. Im Jahre 1887 erwarb der Bankier Leitner den Besitz und ließ den ersten Mönchsberg-Aufzug errichten. Sechzig Jahre später wurde das Schloss in ein Hotel umgebaut und seit 1956 ist die Familie derer von Mierka stolzer Besitzer des „Hotels Schloss Mönchstein“.

Hoch über den Dächern der barocken Festspielstadt thront das ehrwürdige Gemäuer inmitten eines stillen, ausgedehnten Privatparks. Wie es sich für ein verwunschenes Märchenschloss gehört, sind die mächtigen Mauern, die Zinnen und die Türme mit dem satten Grün dichter Efeuranken bedeckt. Vor dem Haupteingang laden gepflegte Terrassen zum Verweilen ein und gehen in Ruhewiesen und eine anmutige Parklandschaft über. Auf wen der bronzene Apoll hier seine

Amerikanische Salzburg-Besucher sind besonders in dieses romantische Kleinod verliebt, das in jedem Gästezimmer mit eigener Atmosphäre überzeugt.

Pfeile abschießt, bleibt sein Geheimnis; denn obwohl der metallene Gott direkt auf das Schloss zielt, hat man ihn zu seinem Schutzpatron erkoren: typisch Salzburg zwischen Barockromantik und Barockkitsch.

Wer seinen Aufenthalt in Salzburg während der Festspielzeiten plant, sollte frühzeitig buchen, um eines der siebzehn Gästezimmer im „Hotel Schloss Mönchstein" zu sichern. Besonders die Amerikaner sind in dieses romantische Kleinod verliebt. Jeder Raum hat seine eigene Atmosphäre und wurde mit Stilmöbeln und Antiquitäten individuell ausgestattet. Sogar bei den sehr kleinen Standardzimmern finden Sie alle Bequemlichkeiten einer Luxusunterkunft. Wie ein „Märchenkönig" residieren Sie auf über hundert Quadratmetern in der Royal- oder Fürstensuite. Dort stehen barocke Sitzgarnituren auf alten Parkettböden, an den Wänden hängen Gemälde der Jahrhundertwende und in den Salons wurden alte japanische Lackvitrinen mit Sesseln, Tischen und Uhren im Louis-XVI-Stil kombiniert. Sie schlafen in großen Betten mit Baldachinen und können sich in riesigen Bädern rundherum wohl fühlen. Ob dieses gewagte Sammelsurium verschiedener Stilrichtungen dem Geschmack der vielen Gäste aus Übersee entsprechen soll, sei dahingestellt – old European halt. Mich faszinierte vielmehr der unvergesslich schöne Blick auf das mir zu Füßen liegende Salzburg und die privilegierten Möglichkeiten zu Hochuferspaziergängen entlang des Salzachknies. Meinem persönlichen Geschmack kam die Suite Nummer elf entgegen, deren schnörkelloses, antikes Mobiliar von einem weißen Kamin aus dem 18. Jahrhundert dominiert wurde. Von dem Ausblick auf den Schlosspark aus großen, runden Fenstern, sogar im opulenten Badezimmer, konnte ich mich gar nicht losreißen.

Wie ein König residiert man in der Royal- oder Fürstensuite.

Die kleine Hochzeits- und Taufkapelle aus dem Jahre 1640 ist nicht nur für die Salzburger ein romantischer Rahmen für Familienfeste, auch ausländische Gäste lassen sich hier gern trauen. Als Belohnung werden die Namen der Hochzeiter und Täuflinge auf Messingschildern verewigt, die vor der Kapelle auf der so genannten „Salzburger Hochzeitswand" und dem „Schloss-Taufregister" angebracht werden. Nur böse Menschen kommen auf die Idee, dass hier eine glänzende Marketingstrategie verfolgt wird. Das elegante Restaurant „Paris Lodron" und das hochherrschaftliche auch für Spaziergänger geöffnete Schlosscafé „Maria Theresia" sind die Herzstücke des Märchenschlosses. Allein die kostbare antike Einrichtung in diesen Räumen lohnt einen Besuch. Doch auch die ausgezeichneten Menüs des Chefkochs, die sich einem internationalen Publikum angepasst haben und das Österreichische nur in Akzenten anbieten, lassen den Aufenthalt zu einem unvergesslichen Erlebnis werden. Als einziges Stadt-Restaurant in Salzburg wurde es vom Gault Millau mit zwei Hauben ausgezeichnet. Noch heute schwärme ich von den Taubenbrüstchen, dem Kräuterravioli mit Steinpilzessenz und dem in Ingwerbutter sautierten Hummer.

facts

Hotel Schloss Mönchstein

A – 5020 Salzburg
Tel. 0043 (0662) 8485550 – Fax 848559
E-Mail: moenchstein@salzburginfo.or.at

9 Zimmer, 7 Suiten

Hoch über den Dächern der barocken Mozart-Metropole gibt es keinen bezaubernderen Rahmen zum Wohnen als dieses historische Märchenschloss.

Grand Hotel Sauerhof

Baden bei Wien - Österreich

„Außig Wasser, innen Wein, lasst uns alle fröhlich sein." Diese Lebensweisheit konnte eigentlich nur in der Kur- und Kasinostadt Baden bei Wien entstehen. Seit der Römerzeit sprudeln hier die heißen Schwefelquellen und machten den Ort nicht nur zum Treffpunkt betuchter Wiener, auch viele prominente Persönlichkeiten zog es in diese friedliche und gesunde Oase. Am Ostrand des Wienerwaldes und am Eingang des Helenentales schmiegt sich Baden in eine liebliche Hügellandschaft mit ausgedehnten Weinbergen und romantischen Wäldern und ist doch nur knappe dreißig Kilometer von der Metropole Wien entfernt. Ihre bauliche Geschlossenheit als Perle des Biedermeier erhielt die Stadt erst nach einem Großbrand im Jahre 1812. Josef Kornhäusel, wohl der bedeutendste Architekt des Wiener Biedermeier, ließ das Stadtbild mit herrlichen Repräsentationsbauten, Bädern und Bürgerhäusern neu erstehen. Zu seinen schönsten Bauten gehört der Sauerhof, der nach wechselvoller Geschichte am 1. Mai 1978 als prächtig renoviertes Luxushotel „Grand Hotel Sauerhof" wieder eröffnet wurde.

Schon von außen beeindruckte mich das majestätische Palais mit seiner strahlend gelben Fassade und ich meinte Carl Maria von Weber zu hören, der an seine Gattin schrieb: „Beethoven ging mit mir in den Sauerhof ... sehr fröhlich und vergnügt ..." Es scheint, als sei auch heute noch etwas von diesem heiteren Fluidum erhalten geblieben. Schon bei der Begrüßung hatte ich das Gefühl, bei guten, alten Freunden zu sein. Ein perfekter Gastgeber ist seit Jahren nicht nur der Direktor, Kurt Dohnal, auch seinen Mitarbeitern konnte er seine Maxime vermitteln, „nicht alltäglichen Gästen einen nicht alltäglichen Rahmen zu bieten".

Beethoven komponierte hier „Wellingtons Sieg" und genauso erhebend wie die Musik des großen Klassikers empfand ich die Weitläufigkeit und

Ein fürstliches Palais, genau der richtige Rahmen für eine Hochzeitsfeier in einem der prunkvollen Banketträume.

In dem römisch anmutenden Thermalhallenbad kann man seine Runden bei klassischer Musikuntermalung noch besser drehen.

Großzügigkeit in dem Palais. Stark beeindruckt ging ich durch die ausgedehnten, lichtdurchfluteten Flügel und Trakte, die um einen Innenhof angeordnet sind, und war hingerissen von der kostbaren, echten Biedermeier-Möblierung und den alten Gemälden aus allen Epochen, die besonders in der Halle, im fürstlichen „Restaurant Rauhenstein" mit seinem Kaminzimmer, in dem gemütlichen Café und in den prunkvollen Banketträumen zur Geltung kommen. Ein Juwel ist auch die kleine Hauskapelle im Keller.

Einfach eine gute Idee: Die achtundachtzig Räume sind zwar nummeriert, tragen aber auch Namen berühmter Persönlichkeiten, die eng mit der Geschichte Badens und der des Sauerhofs verbunden sind. Die Unterkünfte überzeugen alle durch sehr viel Platz und bequeme Möbel im Biedermeierstil und nur ein Fachmann dürfte die echten von den nachgebauten Stücken unterscheiden können. Dass Sie in dieser noblen Herberge nicht auf die Annehmlichkeiten des modernsten Komforts verzichten müssen, ist selbstverständlich. Einer besonderen Hervorhebung bedürfen die luxuriös ausgestatteten Bäder. Wer besonders anspruchsvoll ist und gerne in romantischen Himmelbetten nächtigt, wählt die Grillparzer- oder Beethoven-Suite.

Ein breit gefächertes Gesundheitsangebot bietet der „Sauerhof" in seinem Fitness-Vital-Center. Zu den Klängen von Beethovens „Freude schöner Götterfunken" – hier als Musikuntermalung ausnahmsweise einmal passend – drehte ich meine Runden in dem römisch anmutenden Thermalhallenbad. Das wohlig warme, seidenweiche Wasser sprudelt direkt aus einer zweihundertfünfzig Meter tiefen Quelle in den Pool. Die Schwefelthermal-, Kräuter-, Moor-, Kohlensäure-, Heublumen- und Rosenblütenbäder

Die Gästezimmer sind zwar nummeriert, tragen aber auch Namen berühmter Persönlichkeiten, die eng mit der Geschichte Badens und der des Sauerhofs verbunden sind. Man verfügt über viel Platz und bequeme Möbel im Biedermeierstil. Hervorzuheben sind auch die komfortablen und luxuriösen Badezimmer.

überließ ich den gesundheitsbewussteren Gästen. Auch auf Kneippkuren und eiskalte Wassergüsse verzichtete ich lieber. Die charmante Inhaberin der Marbert-Beauty-Farm weckte da schon mehr mein Interesse – selbstverständlich nur ihr Angebot, mir ein individuelles Schönheits- und Gesundheitsprogramm maßzuschneidern. Ein Kräuterdrink im jahrhundertealten Römerbad zwischen den antiken Säulen ist jedenfalls ein stilechter erster Schritt in Richtung Wellness.

Keine Frage, dass im Sauerhof auch für das leibliche Wohl bestens gesorgt wird. Immerhin zeichnet der Gault Millau die Küche mit zwei Hauben aus. Neben dem köstlichen Tafelspitz – comme il faut mit Schnittlauchsauce und Apfelkren serviert – sind mir der Powidldatscherl und das Vital-Menü mit viel frischem Obst und köstlich zubereiteten Gemüsen in bester Erinnerung geblieben.

Eigentlich ein so behagliches Haus, dass man sich regelrecht aufraffen muss, etwas zu unternehmen. Dabei kann man in Baden jede Menge Gentlemansport von Jagen und Fischen bis zu Reiten, Golf und Tennis unternehmen oder – so will es jedenfalls das Wienerlied – mit einem „süßen Mädel" durchs Helenental wandern. Alternative: sich wie weiland die Schnitzlerschen Offiziere stilgerecht im Kasino ruinieren.

facts

Grand Hotel Sauerhof

A – 2500 Baden bei Wien
Tel. 0043 (02252) 412510 – Fax 48047
E-Mail: sauerhof@aon.at

88 Zimmer

Erholung im Biedermeier-Charme einer eleganten Beauty-Farm – wie gemacht für ein Wochenende auf den Spuren der Kaiserin Elisabeth.

Gasthof Hirschen

Schwarzenberg - Österreich

„... endlich schon sehr hoch oben kamen wir an sechs Alpenwohnungen, wieder höher an zwei Sennhütten, dort sahen wir in einer der Käsebereitung zu, tranken Wasser bei dem laufenden Bronnen", notierte sich Eduard Mörike im Jahre 1857 in Schwarzenberg. Man braucht nicht viel Fantasie, um seine Worte nachzuvollziehen, wenn man heute in die ländliche Idylle dieser „Kuh- und Käsemetropole" inmitten des Bregenzerwaldes eintaucht.

Schon vor Jahrhunderten haben wichtige Handelswege die historische Bedeutung dieses kleinen Ortes begründet. In Schwarzenberg trafen die Wege aus dem Rheintal und dem Bodensee zusammen und führten über den Arlberg- und Reschenpass weiter nach Oberitalien. Von beachtlichem Wohlstand zeugen heute noch alte, stattliche Gast- und Bauernhäuser in traditioneller Holzbauweise und ein beachtlicher Dorfplatz, der von der imposanten Pfarrkirche dominiert wird.

Fast zweihundertfünfzig Jahre ist der „Gasthof Hirschen" nicht nur das gastliche Zentrum Schwarzenbergs, er bildet mit der Kirche und einem alten Brunnen auch den Ortskern. Zum Glück markiert der Marktbrunnen heute nicht mehr die wichtigste Straßenkreuzung des Bregenzerwaldes, aber von idyllischer verkehrsfreier Ruhe kann man sicher auch nicht reden. Das prächtige alte Gasthaus strahlt schon nach außen Behaglichkeit aus. Der dunkle Schindelbeschlag wird durch schier unzählige Fenster mit hellen, handgeschnitzten Läden aufgelockert. Blumenkästen mit üppig blühenden Geranien scheinen zur wärmeren Jahreszeit einen Teil der Fassade auszumachen.

Im Inneren nimmt einen das holzverkleidete Reich besonders dadurch ein, dass man nicht von alpenländischer Folklore erschlagen wird. Das ganze Haus strotzt geradezu vor natürlicher, aber doch rustikaler Atmosphäre. Wer also ein luxuriöses Ambiente erwartet, ist hier sicher nicht richtig aufgehoben.

Seit fünf Generationen ist der „Gasthof Hirschen" im Familienbesitz. Der heutige Erbe und der gute Geist des Hauses, Franz Fetz, übernahm das Anwesen Ende 1975 und kann mit berechtigtem Stolz auf seinen Besitz schauen. Er hat es verstan-

Das prächtige alte Gasthaus strahlt schon nach außen wohlige Wärme und romantische Behaglichkeit aus.

Schon vormittags sind die Tische auf der Gartenterrasse festlich eingedeckt.

den, das Traditionelle mit dem Modernen perfekt zu verbinden. Dass Herr Fetz sich bei seinen Bemühungen immer auf die tatkräftige Unterstützung seiner Frau Alexandra und tüchtiger Mitarbeiter verlassen konnte, verschweigt er nicht. Seine Maxime für Gastfreundschaft ist: „Der Reisende soll hier ankommen und sich wohl fühlen, verweilen und all die kleinen Aufmerksamkeiten genießen, die das Leben lebenswert machen. Adieu sagen und die Vertrautheit des Ortes mitnehmen und noch lange spüren." Wir begannen den Rundgang durch vier original Bregenzerwälder Gaststuben, den Festsaal mit angrenzendem Salon, die Bar und die lauschigen Gartenterrasse. Details zum Verlieben, die den unverwechselbaren Charakter des Hauses ausmachen: Waren es die gut erhaltenen, alten Kassettendecken, die Wandtäfelungen oder die matt glänzenden Holzfußböden, war es ein antiker, weißer Kachelofen, ein alter Küchenschrank, die wuchtigen Tische aus Kirschholz mit auf Hochglanz polierten Schieferplatten? Selten habe ich am Vormittag schon so festlich gedeckte Tische wie in den Bregenzerwälder Gaststuben gesehen. Auch auf der gut beschirmten Terrasse war schon tadellos eindeckt. Dass hier nicht nur das Äußere stimmte, davon konnte ich mich später überzeugen. Der Chefkoch Jochen Pölz pflegt gekonnt die regionale Küche und wagt sich auch an köstliche mediterran-asiatische Kombinationen. Weit über die Grenzen des Bregenzerwaldes hinaus findet seine Küche Anerkennung.

Bei der Ausgestaltung der fünfzehn Gästezimmer im Gasthof hat man sich für zwei probate Stilrichtungen entschieden. Da gibt es die antik möblierten Räume im Louis-Philippe-Stil und die mit hellem Weichholz ausgestatteten Zimmer im Laura-Ashley-Design. Selbstverständlich entspricht der moderne und technische Komfort allen Vorstellungen anspruchsvoller Gäste. Bei den Einzelzimmern und den so genannten „Kleinen Doppelzimmern" sollte man sich allerdings schon mit wenig Platz

Im Gasthaus gibt es antik möblierte Gästezimmer, die an Gemütlichkeit kaum zu überbieten sind.

begnügen können: beengt bürgerlicher Zimmerzuschnitt à la 1757! Bei wem Ruhe das oberste Kriterium ist, dem sei das so genannte „Wälderhaus“ empfohlen, das direkt hinter dem Haupthaus steht. Hier finden Sie fünfzehn helle, gemütliche Gemächer im Landhausstil. Die Auswahl reicht von mustergültigen Doppelzimmern über geräumige Appartements bis hin zu eleganten Maisonette-Suiten. Für die Tagungsräume, die sich auch in diesem Trakt befinden, wählte man die Namen ehemaliger berühmter Gäste: „Eduard Mörike“, „König Max II.“ und „Alfred Herrhausen“. Unseren Rundgang beendeten wir im Fitnessbereich mit Sauna, Dampfbad, Solarium und Massageräumen. Danach ließ ich mich gerne noch von Franz Fetz über weitere Möglichkeiten der Freizeitgestaltung informieren: jede Menge Naturwanderwege gleich vor der Haustür. Ein Besuch im „Käselädele“ von Maria Vögel sei ein unbedingtes Muss, genauso wie die Spuren von Angelica Kauffmann, der berühmten, durch Werk und Leben eng an Schwarzenberg gebundenen Porträtistin der Goethezeit. Besondere Kulturereignisse sind im Sommer die „Schubertiade Landpartie“ und die „Bregenzer Festspiele“. Im Winter verwandelt sich die ganze Region in ein Schneeparadies. Direkt in Schwarzenberg beginnen Langlaufloipen und gespurte Wanderwege und die Liftanlagen der umliegenden Berge sind schnell und bequem mit Skibussen zu erreichen.

facts

Gasthof Hirschen

A – 6867 Schwarzenberg
Tel. 0043 – (05512) 2944 – Fax 2944-20
E-Mail: romantikhotel@hirschen.vol.at

32 Zimmer, 6 Appartements

Das prächtige Holzgebäude aus dem 18. Jahrhundert lädt ein zum Wohlfühlen und Verweilen. Bestens erhaltenes Dorfensemble. Sehr gutes Restaurant.

Portugals berühm
Fliesen dürfen natürli
in einem Wasserparadie
sprich Thalassotherap
zentrum, nicht fehle

Vilalara – Thalasso

Armação de Pêra - Portugal

Der französische Präsident war zwar schon vor ein paar Tagen abgereist, doch jetzt lag ich genau in der Badewanne, die er vorher benutzt hatte. Voll Stolz ließ ich die erste Behandlung im Thalassotherapie-Zentrum über mich ergehen. Während ich mich im warmen, algenangereicherten Seewasser aalte, schoss weiteres Nass aus Hochdruckdüsen auf meinen Körper. „Tudo bem?" fragte Ana jedes Mal, wenn ihr Gesicht lächelnd in der Tür des kleinen Baderaumes erschien. Als freundlicher Mensch antwortete ich ebenfalls mit „tudo bem", übersetzte es mit „sehr gut" und benutzte es auch zur Verabschiedung. Mit der Verständigung gab es auch bei dem anschließenden Kurs leichte Schwierigkeiten. Wie ein Feldwebel brüllte die kleine, drahtige Therapeutin ihre Kommandos auf Französisch zur Unterwassermassage über das mit Meerwasser gefüllte Becken. Weder Englisch noch Deutsch war der strengen portugiesischen Dame zu entlocken. Meinen ausnahmslos älteren Mitstreitern schien das zu gefallen und sie waren ziemlich entsetzt, als ich die freudlose Atmosphäre durch albernes Geplantsche etwas aufheitern wollte. Entspannung wurde hier sehr ernst genommen. Ich befand mich im luxuriösen Hotel „Vilalara" an der Algarve in Portugal und in einem der besten Thalassotherapie-Zentren Europas. Fünfundvierzig Minuten Autofahrt vom internationalen Flughafen Faro entfernt, verbirgt sich das Anwesen hinter hohen Mauern und einem großen schmiedeeisernen Tor: ein romantischer Ort mit siebenundneunzig großzügigen Gästezimmern in eingeschossigen, terrakottafarbenen Wohnkomplexen. Wohl mit Absicht schirmt sich das Hotel von seiner unattraktiven Umgebung ab, die gleich gegenüber mit einer riesigen Touristenfabrik, der Appartement- und Hotelanlage „Vila Vita Parc", verschandelt wird. Als Gipfel der Hässlichkeit stellte sich der nahe Badeort Armação de Pêra heraus, zu dessen Gemeinde beide Hotels gehören. Allerdings möchte ich nicht verschweigen, dass diesem Ort ein wunderschöner, kilometerlanger Sandstrand vorgelagert ist. Geübte Kletterer erreichen ihn vom „Vilalara" aus über einen schmalen Weg in einer halben Stunde. Die kleine Badebucht direkt unterhalb des Hotels wird zwar als Privatstrand ausgewiesen, doch auch genügend Fremde verschaffen sich immer leicht Zugang. Eigentlich spielt Strandleben sowieso nur eine Nebenrolle. Viel lieber schlenderte ich durch die weitläufigen Gärten und bestaunte den herr-

In der weitläufigen Hotelanlage kann man ungestört durch gepflegte Gärten schlendern, kann den kleinen Privatstrand aufsuchen, sich in drei Meerwasser- oder zwei Frischwasserpools tummeln oder sich an betörenden Blumendüften berauschen, die sich mit der salzig-herben Würze des Atlantiks mischen.

lichen Blütenzauber. Mit der salzig herben Würze des Atlantiks vermischten sich die betörenden Düfte von Rosen, Bougainvilleen, Hibiskus und Oleander. Ich kam an idyllischen Bachläufen vorbei, sah Enten zu, die sich in einem See unter Wasserfontänen tummelten und dabei skeptisch von stolzen Schwänen beäugt wurden. Ich fand es ein wenig des Guten zu viel, dass sich das Anwesen auch noch mit drei Meerwasser- und zwei Frischwasserpools schmückte. Ein Gast erklärte mir lakonisch: „Hier ist Wasser das, was in Moskau Wodka ist." Mir war allerdings neu, dass man in Moskau in Wodka badet. So muss ich auch gestehen, dass ich wohl einer der wenigen war, die zur Thalassotherapie nicht die richtige Einstellung fanden. Jeden Tag gehörten unfrohe Gruppenübungen zum Programm, die man nicht in Massagen oder Einzelbehandlungen umwandeln konnte. Zwischen den einzelnen Anwendungen musste man immer eine halbe Stunde totschlagen, um für die nächste Wasserschlacht gewappnet zu sein. Am schlimmsten fand ich, wenn wieder so ein kleiner weiblicher Feldwebel mit mir in einer engen Duschkabine stand und mich mit einem Schlauch traktierte, dessen harter Wasserstrahl mir fast die Haut vom Körper fetzte.

Ein besonderes Highlight war das Diätrestaurant. Man saß auf einer gut beschirmten Terrasse, schaute auf das weite, strahlend blaue Meer und wurde mit köstlichen Fisch- und Fleischgerichten verwöhnt. Zum Nachtisch gab es trotz der Fastenvorschriften Mousse au Chocolat oder Eisspezialitäten. Nach diesen ausgezeichneten Mahlzeiten konnte man sich auch noch darüber freuen, dass man nur vierhundert Kalorien zu sich genommen hatte. Im Gourmet-Restaurant und dem Grill hingegen überzeugte die Küche nicht gerade mit feinem Essen, dafür eher mit sehr freundlichem Service und Ausblicken auf die bezaubernde Küstenlandschaft. Gar nicht weit vom Hotel entfernt fand ich aber urige Fischrestaurants, die noch die klassischen Fischgerichte zubereiten konnten. Wenn Sie den österreichischen, sehr engagierten und algarveerfahrenen General-Manager Wilfried Royer fragen, gibt er gerne ausgezeichnete Tipps. Neben dem Wasser zur Therapie und zum Vergnügen bietet das Hotel auch noch sieben Tennisplätze, ein Fitness-Center und einen Beauty-Salon. Im Golferparadies der Algarve finden Sie allein in der Umgebung des Hotels siebzehn Meisterschafts-Golfplätze. Schon im Flugzeug beim Rückflug stimmte ich der kleinen Ana zu: „Vilalara – tudo bem“.

Für besonders anspruchsvolle Gäste stehen riesige, luxuriöse Suiten zur Verfügung.

Auch die Standardzimmer erfüllen jede Anforderung an die Bequemlichkeit.

facts

Vilalara – Thalasso

P – 8365-909 Armação de Pêra
Tel. 00351 (082) 320000 – Fax 314956
Reservierung: internet – www.slh.com/vilalara/

97 Zimmer, Suiten und Appartements

Der Himmel auf Erden in einem der besten und schönsten Thalassotherapie-Zentren Europas. Sehr schöner Hotelpark. Erstklassige Diätküche.

Castello del Sole

Ascona - Schweiz

Es gibt magische Fixsterne des Grande Tourisme, die unbeirrt von Moden und Tendenzen ein Image souveränen, entspannten, selbstverwirklichten Reisens transportieren. Zu diesem erlesenen Club feiner Destinationen und großer Namen gehört Ascona am Lago Maggiore, das den Titel „Perle des Tessins“ nicht zu Unrecht trägt. Der südliche Schmelz und Zauber Italiens, Palmenboulevards und Straßencafés verbindet sich hier mit helvetisch-alpiner Bodenständigkeit. Azurblauer Gletschersee und der Saum schneegekrönter Gipfel bilden eine Kulisse, die schon zu den Zeiten der ersten Automobile Maler, Poeten, aber auch sonnentrunkene Aussteiger und Naturapostel magisch anzog. Die Künstlerkolonie Monte Verità mit ihren schönheitstrunkenen Ideen vom freien sinnenfrohen Zusammenleben edler Menschen war letzten Endes wohl nur eine Urlaubsutopie unter südlicher Sonne – die noch immer Ascona eine weihevolle Aura ästhetisch anspruchsvollen Travellings verleiht. Der moderne Ascona-Seelenurlauber diskutiert nicht nächtelang mit Nacktwanderern, Hirtinnenmodellen und rustikalen Sozialrevolutionären, sondern steuert gezielt eines der feinsten Hideaways der Schweiz an. Im „Castello del Sole“ direkt am Seeufer wird der Gast nicht nur mit aller erdenklichen Raffinesse und dem stilvollen lokalen Touch verwöhnt, sondern es wird auch Ascona-typisch Rücksicht auf grüne umweltbewusste Befindlichkeit genommen. Denn die alte Poststation von 1540 liegt direkt am Südufer des Maggia, eines kräftigen Gebirgsbaches, in einer vom World Wildlife Fund betreuten und geschützten Schilf- und Wiesenlandschaft. Entspannung und Wellness für Körper und Geist ist hier vorprogrammiert, viele Gäste nutzen das Angebot zu Spaziergängen oder Radfahrten (mit hoteleigenen Bikes) durch den riesigen gepflegten Park, zu dem auch Obst- und Weinplantagen sowie hoteleigene Gemüsefelder gehören.

Ascona-Liebhaber steuern gezielt eines der feinsten Ferienresorts der Schweiz direkt am Lago Maggiore an.

Nach einer aufwändigen
Renovierung ist der
„Storch" wieder ein Juwel
der Zürcher Hotellerie.

Ascona-Liebhaber steuern gezielt eines der feinsten Ferienresorts der Schweiz direkt am Lago Maggiore an.

„Tessin meets Orient" ist das Motto in der Hotelbar „Bassa Selim". Geschmackssache sind die sehr farbenfrohen orientalischen Wandmalereien.

Eine ganz spezielle Mischung aus Großzügigkeit, Tradition und Eleganz prägt den italienisch gefärbten Stil des ab 1945/46 zu einem Hotel ausgebauten und in den letzten Jahren aufwändig restaurierten Anwesens. Eine prächtige Zufahrtsallee mit Springbrunnen und umrankten Laubengängen führt zur lichtdurchfluteten marmorgepflasterten Empfangshalle. Das südliche Ambiente der Hotelanlage wird nicht nur durch die Bauweise unterstrichen, sondern auch durch die verschiedenen pastellfarbenen Töne der Gebäudetrakte, die im marmorierten Ochsenblutrot oder Neapelgelb traditioneller italienischer Gutshöfe schimmern – dazu natürlich dunkelgrüne Holzjalousien, Cotto-Fußböden und luftige Stilmöbel. Auch die jüngste architektonische Angliederung, ein Atriumbau mit Innengarten und kreuzgangähnlichen Kolonnaden, um die herum Luxus-Suiten gebaut wurden, hat dem Reiz des natürlich Gewachsenen nichts anhaben können. Und fürs „Baumeln der Seele" ist auch hier gesorgt: Viele Zimmer verfügen über Balkon oder Liegestuhl-Terrasse, um im souveränen Davoser Kurstil ein ruhiges Luftbad zu nehmen. Ein Hotel wie dieses will in Ruhe durchstreift und genossen sein, denn die Tage fliegen hier schnell und entspannt dahin. Lago Maggiore pur am hoteleigenen Badestrand oder ein morgendliches Tennismatch, Parkjogging oder auf Liegestühlen im Schatten mächtiger alter Bäume faulenzen. Mittagsbüfett im Park oder auf der Hotelterrasse, aufgeheitert durch gelegentliche Schreie aus dem hoteleigenen ländlichen Mauleselgehege. Nachmittags dann einige Bahnen im Swimmingpool, ein Schönheitsbesuch im Beauty- und Fitness-Center oder die Wahl zwischen zwei geruhsamen aufregenden Spielen. Putten auf dem hoteleigenen Golfgreen oder – ganz lombardisch – Boccia-Kegeln. Ascona centro mit seinen Straßencafés läge zwar nur zwei Spaziergangskilometer entfernt und von dort aus kann man sogar Schiffchenfahrten ins echte Italien unternehmen, aber eigentlich genügt der Kosmos „Castello del Sole" sich selbst. Zumal man dort auch noch ganz exzellent speisen kann. Herr Schlegel, der

Wärme und Behaglichkeit des Südens, verbunden mit der Perfektion und Diskretion des Nordens, macht den unwiderstehlichen Charme des Hotels aus.

Chef de Cuisine, bereitet in der „Locanda Barbarossa" und im Ristorante „Tre Stagioni" („drei Jahreszeiten", denn im Winter schließt das Castello) absolut Verführerisches aus See und Bergen zu: Ob zur Felchenterrine oder dem in Tessiner Wein geschmorten Rehkitz – Gemüse, Früchte und Kräuter kommen jedenfalls ganz ökologisch aus eigener Ernte von den umliegenden Feldern und der hauseigene in Eichenfässern gereifte Merlot del Ticino ist einer der besten dieses kleinflächigen hochexklusiven Weinbaugebiets. Als letzte Anlaufstelle lockt die Hotelbar „Bassa Selim". Ob allerdings die farbenfrohen orientalischen Wandmalereien mit Motiven aus Mozarts Oper „Die Entführung aus dem Serail" jedermanns Geschmack sind, sei dahingestellt. Tessin meets Orient: Vielleicht hat die sonst so geschmackssichere Innenarchitektin dies auch als Anregung für einen festlichen Abend in der Mailänder Scala gedacht. Denn die ist weniger als eine Stunde Autofahrt entfernt. Mönchische Ruhe, verbunden mit dem Glanz eines königlichen Schlosses, lautet das etwas großspurig propagierte Erfolgsgeheimnis des „Castello del Sole". Wer die luxuriöse Schlichtheit umsorgten Landlebens dazugibt, hat den unwiderstehlichen Reiz dieses Resorts noch vollständiger eingefangen. Und als abschließendes Fazit noch einmal ein Werbespruch des Hauses, diesmal im Sinne von „south meets north": „Wärme und Behaglichkeit des Südens, verbunden mit der Perfektion und Diskretion des Nordens."

facts

Castello del Sole

CH – 6612 Ascona
Tel. 0041 (091) 791 0202 – Fax 792 1118
E-Mail: Castellosole@bluewin.ch

65 Zimmer, 15 Junior Suiten, 4 Suiten

Hier vereinen sich die Vorzüge schweizerischer und italienischer Spitzenhotellerie aufs Beste. Wunderschöner Park mit privatem Strand am Lago Maggiore.

Nach einer aufwändigen Renovierung ist der „Storch" wieder ein Juwel der Zürcher Hotellerie.

Hotel zum Storchen

Zürich - Schweiz

In den letzten Jahren dachte ich, mit dem „Widder Hotel“ hätte ich eigentlich mein Lieblingsdomizil in Zürich gefunden, bis mir ein Schweizer Freund empfahl, doch das „Hotel zum Storchen“ einmal auszuprobieren. Nach einer aufwändigen Renovierung sei der „Storch“ wieder ein glänzendes Juwel der Zürcher Hotellerie.

Seit über sechshundertfünfzig Jahren ist die Gastlichkeit des „Storchen“ weit über die Grenzen Zürichs bekannt. Schon Richard Wagner hat über die einmalige Lage des Hauses geschwärmt: mitten im Herzen der romantischen und geschäftigen Altstadt Zürichs, direkt am Ufer der Limmat, gegenüber vom spätbarocken Rathaus bei der alten Gemüsebrücke. Die kirchlichen Wahrzeichen Zürichs, Großmünster, Fraumünster und St.-Peters-Kirche, rahmen das Hotel sozusagen ein.

Seit über zwanzig Jahren wird das traditionsreiche Haus von dem Hotelfachmann Jean-Philippe Jaussi geleitet, der seinen Betrieb gern etwas altmodisch-schweizerisch als „Boutique-Hotel“ bezeichnet, in dem diskrete Eleganz, aufmerksamer Service und viel Liebe zum Detail ausschlaggebend sind. Der Herr Direktor verweist stolz auf das gelungene Facelifting, das in den letzten fünf Baujahren den Hotelbetrieb nicht einen Tag störte.

Die letzten Erneuerungen an der Terrasse und der Fassade sollen im Jahre 2000 abgeschlossen werden. Die Besitzerfamilie Bührle hat dann über zehn Millionen Franken in die Zukunft ihres „Storchen“ investiert.

Noch immer betritt man das Hotel vom romantischen Weinplatz her, wo im Sommer auch im Freien serviert wird. Die Rezeption wird von einem Marmorboden mit farbigem Mosaikstorchennest dominiert und leitet in

Gelegen mitten im Herzen der romantischen und geschäftigen Altstadt Zürichs, direkt am Ufer der Limmat, gegenüber dem spätbarocken Rathaus, betritt man das Hotel noch immer vom romantischen Weinplatz her. In der Rezeption steht man auf einem glänzenden Marmorboden, der von einem farbigen Mosaikstorchennest dominiert wird.

den neuen wohnlichen Salon über, der durch italienische Eleganz und wohnliche Atmosphäre überzeugt. Ein Schmuckstück ist die neue kleine italienische Café-Bar „Barchetta“, ein beliebter Treffpunkt für Passanten und Hotelgäste. Im ersten Stock befinden sich in der „Zunftstube“ die romantische Rôtisserie mit offenem Kamin und die Bar mit ihrer originellen Holzdecke. Ein besonderes Erlebnis ist hier die herzliche Begrüßung durch den siebzigjährigen Garderobier Francesco. Seit über vierzig Jahren gehört der außergewöhnlich italienische liebenswürdige Herr zum „Storchen“ wie das „Storchen“ zu Zürich.

Mittags gilt die stilvolle „Storchen-Bar“ als Geheimtipp für einen schnellen Business-Lunch. Am Abend unterhält hier ein Pianist die Gäste mit nostalgischen Evergreens. In der herrschaftlichen Rôtisserie wird man vom Küchenchef, Fredi Nussbaum, mit leichter, zeitgenössischer und natürlicher mediterraner Küche verwöhnt. Die farbigen Wappen der zünftigen Zürcher Schiffsleute-Familien verraten, dass dieser Raum nicht nur anspruchsvolles Restaurant ist, sondern auch Zunftsaal war. Sogar an die so oft geschmähten Einzelgäste wurde gedacht: die Singles sitzen an prominent platzierten Tischen und werden nicht in eine dunkle Ecke gedrängt. Diesem traditionsreichen Raum ist die blumengeschmückte Terrasse vorgelagert, direkt über der Limmat. Im Sommer werden Sie schwerlich einen schöneren Platz finden, um Zürich in vollen Zügen genießen zu können. Besonderes Augenmerk wurde auf die Modernisierung der Gästezimmer gelegt. Nach dem Umbau hat das Hotel dreiundsiebzig Zimmer, neun weniger als zuvor. Die Unterkünfte bestechen durch zeitlose Eleganz, die ohne Prunk und Pomp auskommt. Alles ist mit den neuesten Annehmlichkeiten des modernen Komforts ausgestattet. Dazu als Dreingabe, last but not least, einmalige Ausblicke auf die Limmat, die Altstadt oder den See. Jeden Gast erwartet bei der Ankunft ein frischer Blumenstrauß und ein opulent gefüllter Obstteller, was leider in vielen Edelherbergen keine Selbstverständlichkeit mehr ist. Überlegt konzipiert sind auch die luxuriösen Badezimmer. Ein Stammgast des „Storchen" verriet mir, dass es die ideale Kombination von Komfort, entspannter Atmosphäre und modernsten technischen Einrichtungen in zentralster Lage sei, die ihn seit vielen Jahren immer wieder in den altbewährten „Storchen" ziehen lassen.

Mittags gilt die stilvolle „Storchen-Bar" als Geheimtipp für einen schnellen Business-Lunch. Am Abend unterhält hier ein Pianist die Gäste mit nostalgischen Evergreens.

facts

Hotel zum Storchen

CH – 8001 Zürich
Tel. 0041 (01) 227 2727 – Fax 227 2700
E-Mail: info@storchen.ch

73 Zimmer

Nach einem umfassenden und gelungenen Facelifting ist der historische „Storch" wieder eine der ersten Adressen im Herzen der Schweizer Metropole.

Royal Park Hotel

Kandersteg - Schweiz

Im Herzen des Berner Oberlandes liegt Kandersteg, das sich bis heute den idyllischen Charakter eines Schweizer Bergdorfes bewahrt hat. Das Gebiet rund um Kandersteg kann man zu jeder Jahreszeit nach Herzenslust genießen: Im Sommer sind Bergtouren entlang kristallklarer Bergbäche angesagt, im Winter ist die weiße Zauberwelt eine Paradies für alpinen Ski- oder Langlauf.

Es war Ende März, als mein kleiner Dackel Iwo und ich die erste Nacht in Kandersteg verbrachten. Wie üblich verlangte Hundimann vor dem Schlafengehen seinen Spaziergang. Nie werde ich vergessen, wie romantisch Kandersteg sich unter sternklarem Himmel in die verschneite Bergwelt einschmiegte: Der Vollmond beleuchtete schneebedeckte Gipfel, darunter schlossen die dunklen Berge das Tal wie eine riesige Mauer ein. Im Dorf funkelten ungezählte Lichter und schienen mit den Sternen wetteifern zu wollen. Am Rande der Häuseransammlung wurde ein Kirchlein von Scheinwerfern angestrahlt und setzte damit noch einen besonderen Akzent. Alles wirkte wie eine kitschige Ansichtskarte.

Absolut begeistert war ich von unserer Unterkunft in dem dörflichen Idyll. Das „Royal Park Hotel" ist ein herausragendes Beispiel für die große und fast verblichene Tradition der Schweizer Grand- und Luxushotellerie. Von außen wirkt das Haus mit seiner bescheidenen Auffahrt eher ländlich sittlich. Erst wenn sich die Glastüren hinter einem geschlossen haben, erkennt man die Absicht: Die Fünf-Sterne-Welt drinnen hat nichts mit dem rustikalen Charme des Dorfes und dem einfachen Äußeren des Gebäudes zu tun. In ihrer fast unverschämt zur Schau gestellten Prächtigkeit und Großräumigkeit sind die Empfangshalle und die offenen Salonfluchten eine Provokation der Sinne, die sich doch eigentlich auf alpenländisches Holz-Ambiente eingestellt haben. Man staunt über einen nicht enden wollenden Steinboden mit zahlreichen kostbaren, pastellfarbenen Perserteppichen. Großzügig sind Sitzgruppen verteilt, die von Kristalllüstern ins richtige Licht gesetzt werden. In dem hellen, strahlenden Reich setzen alte Gobelins und Gemälde farbliche Akzente. Neben einem hohen Wandkamin steht eine ausladene Silberschale mit Holzscheiten und selbstverständlich ist das Kaminbesteck auch aus edlem Metall gefertigt. Seit vier Generationen ist das Hotel im Familienbesitz und wird heute von Albert

In einem betont vornehmen Gourmet-Restaurant setzen alte Gobelins und kostbare Gemälde großartige farbliche Akzente.

In ihrer fast unverschämt zur Schau gestellten Prächtigkeit und Großräumigkeit sind die offenen Salonfluchten geradezu eine Provokation der Sinne.

Rikli geführt. Der Schweizer Gentleman ist wahrhaftig ein Hotelier der guten alten Schule. Schon morgens begrüßt er seine Gäste beim Frühstück und lässt es sich auch abends nicht nehmen, nach dem Rechten zu schauen. So viel Fürsorge wirkt sich natürlich auch auf die Mitarbeiter aus. Selten bin ich mit so viel herzlicher Freundlichkeit und Zuvorkommenheit bedient worden.

Das Einrichtungskonzept der vierunddreißig Gästezimmer beruht ebenfalls auf sehr viel Raum und Licht. Ich wohnte in der Junior-Suite Nummer 48 mit großem Balkon. In dem Zimmer hätte ich mich gleich auf zwei bequemen King-Size-Sofas räkeln können. An einem überdimensionierten Schreibtisch mit goldenen Einlegearbeiten ließ es sich komfortabel arbeiten. In den weißen Kleiderschränken hätte ich bequem Gepäck für einige Wochen unterbringen können. Der Clou war ein kleines separates Zimmerchen. Sicher war das Schmuckstück für die lieben Kleinen gedacht. Ich war natürlich froh, dass mein Dackel sein eigenes Reich bekam und ich ungestört schlafen konnte. Selbstverständlich ist jede Wohneinheit mit moderner Technik ausgestattet, seien es Telefon, Modem-Anschluss, Fernseher mit Satellitenprogrammen, Safe oder Minibar. Geradezu Refugien des sanitären Komforts sind die riesigen Badezimmer. Das einzige Fleckchen auf der sonst so blütenweißen Weste der außerordentlich geschmackvollen Einrichtung und Ausstattung waren rosa Bademäntel. Eine vielleicht etwas gewagte Farbgebung für männliche Gäste.

Schier unausschöpflich war das Sportangebot: Da gibt es im weitläufigen Hotelpark ein herrlichen Swimmingpool, der in eine Wiese eingebettet ist. Bei kühleren Temperaturen stürzt man sich ins komfortable Hallenbad. Im Keller kann man das in weißem Marmor verkleidete Spa-Zentrum mit Gym-Studio, Massage- und Therapiezentrum, Sauna, römischem Dampfbad, Solarium, Whirlpool und Massageraum besuchen. An der Peripherie des Parks gibt es neben dem hotel-

Das Einrichtungskonzept der vierunddreißig Gästezimmer beruht ebenfalls auf sehr viel Platz, viel Licht und eleganter, äußerst komfortabler Wohnlichkeit.

eigenen Tennisplatz auch noch einen Reitstall mit drei Pferden. Sogar eine eigene Segelyacht, ein kleines Segelboot oder ein Motorboot stellt das Hotel seinen Gästen zur Verfügung. Doch wer verzichtet schon auf das Vergnügen, die frische Luft der atemberaubenden Bergwelt pur zu erleben – weit ab von der Hektik der Zivilisation.

Der Tag beginnt im Restaurant mit einem ebenso opulenten wie köstlichen Frühstück, das mehr als nur Müsli und Ovomaltine zu bieten hat. Mittags kann man sich in der Rôtisserie (im Sommer auch auf der Terrasse oder im Garten am Pool) mehrgängige Menüs oder aber kleine Gerichte servieren lassen. Während das Leben im Hotel tagsüber sportlich ungezwungen über die Bühne geht, wird es abends sehr festlich. Ohne Abendkleidung, das heißt beim Herrn Jackett und Krawatte, wird man abends in der Rôtisserie nicht bedient. Es wäre auch unpassend, sich mit Jeans oder Lederjacke in dieses exklusive Ambiente zu setzen, schließlich sind die Kellner sogar in schwarze Fracks gekleidet; außerdem gibt es als Alternative die „Taverna Rustica“, in der man sportlich und leger erscheinen kann. Mir gefiel der festliche Rahmen und so genoss ich jeden Abend die hervorragende Schweizer Küche mit altmodischem „service à l’anglaise“ (Teller vor Gast angerichtet) bei dezenter Pianomusik.

facts

Royal Park Hotel

CH – 3718 Kandersteg
Tel. 0041 (033) 675.8888 – Fax 675.8880
E-Mail: royal.ksteg@spectraweb.ch

4 Zimmer, 20 Junior-Suiten, 10 Suiten

Hier wird der Name des Hotels zur Realität: Das ehrwürdige Grandhotel erfüllt alle Erwartungen, die ein Gast an eine königliche Unterkunft stellt.

Der Swimmingpool unterhalb des sienafarbenen Palastes ist mit seinen dreißig Meter Länge einer der größten auf der Insel.

Gran Hotel Son Net

Puigpunyent - Mallorca

Die Baleareninsel Mallorca hat schon viele Wellen des Tourismus verkraftet. Zugegeben, die ehemals malerischen Küsten sind allesamt so zubetoniert, dass man sich nur mit Grausen wenden kann. Aber schon wenige Kilometer hinter den Bettenburgen findet der Erholungsuchende immer noch Oliven- und Pinienhaine, fast verträumte Dörfer und Städtchen und überall Ausblicke auf das der Natur abgetrotzte kultivierte Land und die Berge der Tramuntana.

Nur knapp zwanzig Kilometer vom Zentrum Palmas entfernt in westlicher Richtung erreichen wir Puigpunyent, ein verschlafenes Dörfchen in Halbhöhenlage, umgeben von Weinbergen, Apfelsinen- und Zitronenhainen, Palmen- und Olivenbäumen. Der Ort wird beherrscht von einem sienaroten dreigeschossigen Herrenhaus auf der Kuppe eines Hügels, der sich über dem Dorf erhebt: dieser imposante Palast muss das „Gran Hotel Son Net“ sein.

Das Haupthaus stammt aus dem 17. Jahrhundert und gehört heute dem amerikanischen Geschäftsmann und Kunstsammler David F. Stein und einem mit ihm befreundeten Ehepaar. Vor einigen Jahren ließ Immobiliensammler Stein das Anwesen zunächst für sich und seine Familie

Auch in den Gängen bestimmt eine Grundfarbe den Charakter, die warmen Farbtöne werden in den Sesselbezügen und schweren Vorhängen wieder aufgenommen.

restaurieren. Als sich der Komplex als zu groß erwies, entschloss er sich, es in ein Luxushotel umwandeln zu lassen. Zum Glück wurde dieser Umbau von dem mallorquinischen Architekten Antonio Obrador durchgeführt, der die alte Bausubstanz mit Toren, Säulen, Balkonen, Anbauten und Brunnen unangetastet ließ.

Das Hotel verfügt heute über nur vierundzwanzig Wohneinheiten. Die Standard- und Superiorzimmer kann man vergessen: Sie sind klein, eher sparsam möbliert, bieten größtenteils keinerlei Ausblick auf die wunderbare Umgebung und liegen zum Teil direkt über der Anfahrt und den Parkplätzen. Aber die Luxuszimmer und die Suiten lassen dafür wirklich keine Wünsche mehr offen. Allein schon die Größe der Zimmer und die hohen Decken vermitteln etwas Hochherrschaftliches. Überall spürt man den exquisiten Geschmack des Besitzers. Aus seiner Sammlung finden sich in dem schlossartigen Haus überall Antiquitäten im Kontrast zu modernen Gemälden und Drucken: Jeder Galerie würden die Warhols, Christos, Hockneys, Stellas und Chagalls zur Ehre gereichen. In den Wohneinheiten bestimmt eine Grundfarbe den Charakter, die Töne werden in den schweren Vorhängen, Tagesdecken und Sesselbezügen wieder aufgenommen bzw. geschickt variiert. Jedes Zimmer ist ein perfekter optischer Genuss.

Bei den großen, luxuriösen Marmorbädern gerät man ins Rätseln, wie der Architekt sie in die alten Mauern einpassen konnte, ohne bei der Bequemlichkeit Abstriche zu machen. Gegenüber der Badewanne sind auf einer verspiegelten Wand komfortable Doppelwaschbecken angebracht; ungezählte Lichtstrahler, Kosmetikspiegel und Pflegeartikel von Nina Ricci ergänzen den Komfort. Wo gibt es das sonst? Die Gesellschaftsräume im Erdgeschoss mit mächtigen Kaminen und bequemen Sitzecken wirken festlich, ohne pompös zu sein. Auch hier hat der Designer die lokaltypische Balance zwischen Aufwand und Understatement perfekt gewahrt.

Jedes Zimmer ist ein optischer Genuss. Die Suiten lassen wirklich keine Wünsche mehr offen. Die Großzügigkeit und Eleganz vermitteln hochherrschaftliches „Feeling" der Extraklasse. Überall spürt man den exquisiten Geschmack des Besitzers. Ein Traum aus Marmor und sanitärem Luxuskomfort sind die großen Badezimmer.

Die Bar ist einem romanischen Kreuzgang nachempfunden, und das Restaurant wurde um eine der größten Olivenpressen auf ganz Mallorca herum gestaltet. Da auch die Küche des französischen Küchenchefs Luis Salinero zu empfehlen ist, kann ein Abend bei Kerzenlicht im Hotelrestaurant zu einem schönen Erlebnis werden.

Der Pool unterhalb der Hotelterrasse mit wunderschönem Ausblick auf die umliegenden Hügel ist mit seinen dreißig Meter Länge einer der größten auf der Insel. Leider wird das Wasser nicht geheizt und während unseres Aufenthaltes über Ostern 2000 war es so kalt, dass man nicht einmal schwimmen konnte. Für die aktiveren Gäste stehen noch Tennisplatz, Fitnessraum, Sauna und für die Damen ein Kosmetiksalon zur Verfügung.

Unebenheiten haben wir bei dem Service feststellen müssen, besonders an der Rezeption, am Pool oder beim Frühstück. Innerhalb von zwei Jahren hatten bereits zwei Direktoren das Hotel wieder verlassen müssen. Das merkte man leider. Es bleibt zu hoffen, dass dieser Mangel noch beseitigt wird. Dann könnte das „Son Net" zur Top-Adresse Mallorcas aufsteigen.

facts

Gran Hotel Son Net

ES - 07194 Puigpunyent – Mallorca
Tel. 0034 (0971) 147.000 – Fax 147.001
E-Mail: recepcion@sonnet.es

17 Zimmer, 7 Suiten

Mit besserem Service wäre das Hotel heute schon die Top-Adresse auf der Lieblingsinsel der Deutschen: Eleganter kann eine Edelherberge nicht ausgestattet sein. Absolute Ruhe und doch nur zwanzig Autominuten bis Palma.

Frégate Island Private

FREGATE ISLAND
PRIVATE

Frégate - Seychellen

Noch aus Kindertagen hatte ich die Bilder eines Traumes vor mir: an Deck eines Piratenschiffes stehen, die Augen auf den Horizont gerichtet. Irgendwann muss sie doch kommen, die Insel hinter dem Horizont. Das Geräusch der rasselnden Ankerkette. Jetzt nur noch von Bord springen, schwimmen, sich durch die Brandung kämpfen und an Land gehen.

Als moderner Robinson näherte ich mich mit einem Helikopter dem Seychellen-Eiland Frégate, das unter Weltenbummlern als eines der schönsten Trauminselchen gilt. Vergessen war eine ungastliche Nacht auf Mahé, Hauptinsel der Seychellen; denn die unbeleuchteten Grasnarben, auf Frégate Airstrip genannt, können nur tagsüber berumpelt werden.

Was Ian Fleming in den 50er Jahren bewog, als Frégate wirklich noch vergessen und unbeachtet in den Weiten des Indischen Ozeans vor sich hindümpelte, hier den Superagenten James Bond zu erfinden, können wohl nur Menschen mit sehr viel Fantasie ergründen. Genauso unverständlich war es für mich, dass Mitte der 90er Jahre ein sehr reicher Mensch in seine drei Quadratkilometer große Privatinsel Unsummen investierte, um betuchten Reisenden ein Luxusrefugium der absoluten Spitzenklasse zur Verfügung zu stellen, das Hotel „Frégate Island Private". Bis heute wird der Name des Herrn über das kleine Paradies auf Erden geheim gehalten. Vielleicht liegen wir ja richtig, wenn wir vermuten, dass es sich bei dem Besitzer um einen deutschen Großindustriellen handeln könnte, denn das Resort wird von einer Offenbacher Gmbh gemanagt.

Mit einem geräuschlosen Golf-Cart, der einem während des gesamten Aufenthaltes zur Verfügung steht, steuern wir auf schmalen Pfaden durch den Dschungel unser Urlaubsversteck an. Es ist eine der sechzehn Villen, die so geschickt in die tropische Vegetation eingepasst sind, dass man sie auf den ersten Blick gar nicht wahrnimmt. Als sich die Hoftür zu unserem privaten Domizil öffnet, könnten wir fast vergessen, dass es sich hier um eine Hotelunterkunft handelt. Links und rechts

In den endlosen Weiten des Indischen Ozeans eine der schönsten Trauminselchen der Welt mit hinreißend schönen Stränden.

Ein Paradies für sehr verliebte Paare und Honeymooner, die den Wunsch nach sehr viel Abgeschiedenheit, Romantik und Luxus haben.

sehen wir zwei verglaste, spitzgiebelige Mahagoni-Bungalows, die mit einem reetgedeckten Dach verbunden sind. Während die überdachte Terrasse mit einem wuchtigen Esstisch, vier Stühlen und weißem Sonnenschirm möbliert ist, stehen auf der riesengroßen, offenen Holzveranda zwei gewaltige, wellenförmige Sonnenliegen aus Teakholz. Von hier führt hoch über dem Meer und mitten durch das tropische Grün eine Treppe zu unserem persönlichen Jacuzzi unter einem Zelt, daneben ein offener Pavillon mit dick gepolsteter Matratze. Erst dann betreten wir unser Haus mit dem Wohnbereich. Wohin man auch schaut, nostalgischer Kolonialstil mit allem, was gut und teuer ist: voluminöse Sessel und Sofas mit Bergen von dicken Seidenkissen, handgeschnitzte Holzmöbel, antike chinesische Vasen und exotische Kunstgegenstände. In einer kleinen Küchenzeile kann man sich selbst Kaffee oder Tee zubereiten. Sogar eine Gästetoilette und eine Außendusche gehören zu diesem Trakt. An Luxus und Komfort steht der Schlafbungalow seinem Pendant in keiner Weise nach. Wir nächtigen in einem Himmelbett, über dem sich ein undurchdringlicher, schneeweißer Tüll (hier Moskitonetz) bauscht. In dem einhundert Quadratmeter großen Raum ist hinter einer Mahagoniwand der Badebereich untergebracht. Auch hier alles ein Gipfel des Luxus aus edlem Holz und Marmor, der sich selbstverständlich auch auf die uneinsehbare, vorgelagerte Dusche im Freien erstreckt. Es soll Gäste geben, die ihr privates Refugium nicht einmal verlassen. Sie werden nicht an dem kleinen Pool inmitten der in Jahrmillionen abgeschliffenen grauen Granitklippen gesehen; sie haben nicht einen der sieben hinreißend schönen Traumstrände genossen und können dann nicht, wie die „New York Times", schwärmen, den schönsten Strand der Welt entdeckt zu haben.

Auf Frégate wird die außergewöhnliche und seltene Fauna ständig von einem Experten des Instituts Birdlife International, London, beobachtet. Der Repräsentant, James Millet, ließ es sich nicht nehmen, uns durch sein behütetes Reich zu führen.

Auf einer nur drei Quadratkilometer großen Insel erwartet betuchte Reisende ein Refugium der absoluten Spitzenklasse.

Wir begleiteten ihn durch fast undurchdringlichen Dschungel, sahen den Magpie Robin, eine Vogelart, die es mit knapp vierzig Exemplaren nur noch auf Frégate Island gibt, und folgten Riesenschildkröten, die ihre schweren Panzer auf vier ledrigen Beinen schwerfällig durch das Gras schleppten. Auf eigene Faust entdeckten wir einen modern ausgebauten Hafen, in dem gerade eine königliche Überseejacht vor Anker lag. Wir kamen an einer großen Plantage vorbei, auf der alles angebaut wurde, was die angeblich kreolische Hotelküche gebrauchen kann: tropische Früchte, Gemüse und Kräuter.

Wer sich auf diese Luxus-Robinsonade im Indischen Ozean einlässt, sollte möglichst sehr gut betucht, jung und zu zweit sein. Es ist sicher ein Paradies für sehr verliebte Paare und Honeymooner, die den Wunsch nach sehr viel Abgeschiedenheit und Romantik haben. Außerdem sollte man sich tunlichst vorher nach dem Klima erkundigen. Wir sahen nicht einmal die Sonne während sechs Tagen im August, durften wegen der starken Strömungen nicht ins Meer und wurden auf unseren Terrassen von Fliegenschwärmen terrorisiert. Sportlich ungeübten Gästen sollte man vielleicht auch den Hinweis geben, dass die Strände, der Pool und das private Jacuzzi nur über lange, steile und ziemlich beschwerliche Treppen zu erreichen sind.

facts

Frégate Island Private

Frégate Island – Mahé, Republic of Seychelles
Tel. 00248 – 324 545 – Fax 324 499
E-Mail: fregate@seychelles.net

16 Villen

Luxus-Robinsonade im Indischen Ozean – Romantik pur für Verliebte. Hinreißend schöne, einsame Traumstrände.

Kostbare Antiquitäten schmücken Wohn- und Schlafbereiche in den Gästebungalows. Die riesigen Betten sind in kostbare, üppig drapierte Stoffe eingehüllt.

Hunter's Country House

Plettenberg Bay - Südafrika

Der Abschied aus der Kap-Region fiel uns umso schwerer, je länger wir auf dem Highway N 2 in Richtung Durban fuhren. Erst kamen über dreihundert Kilometer karge Prärien, deren Eintönigkeit nur durch Straußenfarmen unterbrochen wurde. Ab George, dem so genannten „Tor zur Garden Route", verlief die Straße dann wieder parallel zur Küste und plötzlich befanden wir uns wahrhaftig in einer Bilderbuchlandschaft: Liebliche Täler gingen in dicht bewaldete Hügelketten über, in malerische Lagunen schmiegten sich kleine Orte, Buchten mit goldfarbenen Stränden wechselten mit Seen- und Flussszenarien ab. Inmitten dieser traumhaften Natur erlebten wir auch den größten Reinfall unseres Urlaubs in Südafrika. Das „Lake Pleasant Hotel" bei Sedgefield erwies sich als reichlich überteuerte Dependance eines riesigen Campingplatzes. Einziger Trost war ein schier endloser, menschenleerer Strand, den man in wenigen Minuten mit dem Auto erreichen konnte. Gerade an den berühmten Badeorten entlang der Garden Route enttäuschten uns am meisten die hässlichen Ortszentren. Der City von Plettenberg Bay konnte man sich eigentlich nur mit Grausen abwenden. So zog es uns schnell zu dem hochgelobten Hotel „The Plettenberg" am Ortsrand. Die Lage der beiden weißen, nüchternen Bauten hätte nicht schöner sein können, sie thronten auf einem Felsen, der steil zu einem Traumstrand hinabfiel. Aber: Der winzige Pool und die lächerlich kleine Liegewiese waren eher etwas für Exhibitionisten, weil die Gäste auf der direkt angrenzenden Restaurantterrasse gar nicht umhin konnten, sich ihr Essen mit dem Anblick nackter Bäuche und unansehnlicher Schenkel vermiesen zu lassen.

Versteckt in einem dichten Wald, unmittelbar vor den Toren Plettenbergs, fanden wir dann aber doch noch den wahren Himmel auf südafrikanischen Erden. Das kleine Hotel „Hunter's

Wie Nester kuscheln sich die schneeweißen Häuschen in die hügelige Gartenanlage mit manikürten Rasenflächen und farbenprächtigen Blumenrabatten.

Country House" gehört wohl zum Besten, was die afrikanische Hotellerie zu bieten hat. Der Sohn des Besitzers, Ian Hunter, und sein Team erwiesen sich als perfekte Gastgeber. Sie überschütteten uns fast mit ihrer Herzlichkeit und einem hervorragenden Service. Das kleine Haupthaus und die schneeweißen Gästebungalows erinnerten eher an reetgedeckte Friesenhäuser – der gewisse burische Touch. Wie Nester kuschelten sie sich in die hügelige Gartenanlage mit manikürten Rasenflächen und farbenprächtigen Blumenmeeren.

Einem Brautpaar, das unbedingt in Südafrika heiraten möchte, würde ich raten: „Tun Sie es am besten hier. Auf dem Hotelgelände versteckt sich in dichtem Gehölz ein romantisches Kapellchen, das für den Beginn eines einmaligen und unvergesslichen Festes wie geschaffen ist. Mieten Sie sich die fürstliche ‚Forest Suite' mit eigenem Pool, und lassen Sie Ihre maximal fünfundvierzig Gäste in den fünfzehn noblen Zimmern und acht Suiten wohnen."

Wer bietet seinen Lieben anlässlich einer solchen Feierlichkeit schon geräumige Unterkünfte, die geradezu zum Wohlfühlen einladen? Kostbare Antiquitäten schmücken Wohn- und Schlafbereiche. Vor offenen Kaminen stehen komfortable Sitzmöbel. Die Himmelbetten sind in üppig drapierte Stoffe eingehüllt und mit Seidenkissen dekoriert. Überall stehen frische Blumen und Obstschalen. Sogar in den luxuriösen Badezimmern bestimmen Gemütlichkeit und Wohnlichkeit den Charakter der Ausstattung. Terrassen zum Sonnenbaden, dick gepolsterte Liegen und weiße Schirme am Swimmingpool sorgen für entspanntes Relaxen. Doch was ist schon der schönste Pool gegen einen endlos scheinenden, fast unberührten Strand am Indischen Ozean, den man mit dem Auto in acht Minuten erreichen kann.

Bevor man zum Abendessen gebeten wird, schlürft man seinen Aperitif in der Main Lounge, einem Salon mit offenem Kamin, klein und dunkel und voll Atmosphäre. Ein effektvoller

Dick gepolsterte Liegen, weiße Sonnenschirme und eine Restaurantterrasse laden zum süßen Nichtstun rund um die gepflegte Poolanlage ein.

Blickfang war eine Büchergalerie unter der schrägen Reetdecke. Ganz nach Belieben konnte man auf der Gartenterrasse oder im intimen Restaurant speisen. Wir wurden mit exzellenter, mediterraner Küche verwöhnt, die mit frischen Zutaten aus eigenem Kräutergarten überzeugte. Auf der Weinkarte stand eine umwerfende Auswahl ausgezeichneter, südafrikanischer Weine. Ganz zu schweigen von dem auch hier so angenehmen und aufmerksamen Service. Besseres werden Sie im Großraum Plettenberg Bay schwerlich finden, deshalb sollte man auch als Hotelgast immer eine Tischreservierung machen.

Wer das kleine Paradies einmal verließ, war auf den fünf nahe gelegenen Golfplätzen auch ohne vorherige Anmeldung willkommen. Genauso problemlos und schnell erreichte man Tennisplätze, Reit-, Segel- und Tauchschulen. Einen Ausflug ist die Austernfarm in Knysna wert. Wen Trubel und sehr rustikales Ambiente nicht stören, bekommt hier zu einem Spottpreis die besten und frischesten Krustentiere. Uns zog es allerdings immer wieder an den Ozean mit seiner atemberaubenden Naturkulisse. An seinen feinsandigen Stränden begegneten wir stundenlang keiner Menschenseele. Nur winzigen Sandkäfern, Seevögeln oder den anmutigen gefiederten Oystercrackern machten wir hier ihr Revier streitig.

Hunter's Country House

facts

Hunter's Country House

Plettenberg Bay – Cape Province - South Africa
Tel. 0027 (44) 532 7818 – Fax 532 7878
E-Mail: hunters@pixie.co.za

15 Zimmer, 8 Appartements

Versteckt in dichtem Wald und unweit der großartigen Plettenberg-Bucht ist das Kuschelhotel ein Geheimtipp für anspruchsvolle Reisende.

Grande Roche Hotel

Paarl - Südafrika

Während der Hochsaison sollte man sich tunlichst nur auf absolut seriöse Hotelempfehlungen verlassen. Diese Erfahrung machten wir wieder einmal zwischen Dezember und Januar in Südafrika. Das uns empfohlene Landhotel „Lanzerac Manor" bei Stellenbosch enttäuschte uns durch Einfachstausstattung und äußerst schlechten Service. Schon morgens wurde die Gartenterrasse für die Hotelgäste gesperrt, damit man Tagestouristen abfüttern konnte, die wie Pulks in das liebliche Weinanbaugebiet einfielen. Nur wenige Kilometer von dieser ungastlichen Herberge entfernt fanden wir dann in Paarl ein kleines Paradies, das genau unseren Vorstellungen entsprach.

Das „Grande Roche Hotel" schmiegt sich in ein Tal, das von sanften Hügeln eingerahmt wird. Die perfekte Idylle: Es scheint, als seien die kleinen Gebäude von Künstlerhand in die schier unendlichen Weinfelder hineinkomponiert worden. Wie Alabaster leuchtet das Anwesen unter strahlender Sonne inmitten von sattgrünen Rebstöcken. Durch einen romantischen Rosengarten erreicht man ein Gutshaus, ein Kleinod im kapholländischen Baustil. Die weiße Fassade wird von sechs Flügeltüren mit grünen Sprossenläden beherrscht. Über der Eingangstür prangt ein fein geschwungener Giebel, der das Spitzdach wie ein Ornament schmückt. Auf der einladenden Terrasse vor dem Haus waren am frühen Nachmittag nur zwei der acht festlich gedeckten Tische besetzt. Eine Szene aus Maxim Gorkis Schauspiel „Sommergäste" hätte man nicht besser inszenieren können. Entree zum angesehensten Gourmet-Restaurant Südafrikas, dem „Bosman's", das zum „Grande Roche Hotel" gehört. Doch als uns zwei charmante Damen hinter einem wuchtigen, antiken Holztisch aufs Herzlichste begrüßten, wurde uns klar, dass hier auch die Rezeption war. So konnten wir in der Bar genüsslich einen Kap-Riesling trinken, während das Gepäck bereits auf unser Zimmer gebracht wurde. Ebenso konnten wir in Ruhe das distinguierte Interieur genie-

Zum Hotel gehört das angesehenste Gourmet-Restaurant Südafrikas, das „Bosman's", das mit achtzehn Punkten im Gault Millau prunken kann.

Die perfekte Idylle: Die Gästehäuser lugen hinter sattgrünen Rebstöcken und überquellenden Blumenmeeren hervor.

ßen und uns bereits darüber informieren, dass wir in einem Restaurant saßen, das mit zwei Michelin-Sternen und achtzehn Punkten im Gault Millau ausgezeichnet war.

Zulu, Holländisch oder Englisch brauchen Sie hier nicht zu sprechen, denn der Hoteldirektor Horst W. Frehse, der das Haus seit Jahren leitet und es zu einem der besten Resorts auf der Welt machte, wird Sie in akzentfreiem Deutsch begrüßen – seiner Muttersprache. Gerne nahmen wir sein Angebot an, uns selbst seine Außenstelle des Garten Edens zu zeigen.

Die fünfunddreißig individuell gestalteten Gästesuiten verteilen sich auf mehrere lang gestreckte Häuser, die durch schattige Wege miteinander verbunden sind. In dem einzigen doppelstöckigen Gebäude sind zehn Duplexsuiten untergebracht. Wir wurden durch überquellende Blumenrabatten geführt, sahen zwei Swimmingpools mit Liegewiesen, spazierten an zwei gepflegten Tennisplätzen vorbei und ließen uns im Fitness-Center gleich eine Massage für den nächsten Tag reservieren. Hinter einem kleinen Konferenzkomplex lockte ein nachgebautes, römisches Amphitheater zu Spontandeklamationen. Nicht nur für Hochzeiten war eine kleine, historische Kapelle ein ideales Plätzchen, auch für andere Feste konnte man sich schwerlich einen intimeren und romantischeren Rahmen vorstellen. Obwohl das Hotel ausgebucht war, sahen wir nirgends Gäste. Die himmlische Ruhe wurde nur durch fröhliches Vogelgezwitscher unterbrochen. Herr Frehse meinte: „Meine Freunde machen sicher Ausflüge zu den vielen Sehenswürdigkeiten in der Kap-Region oder sind mit den hauseigenen Fahrrädern unterwegs. Einige haben sich auch zum fünf Kilometer entfernten Achtzehn-Loch-Meisterschaftsgolfplatz bringen lassen. Bis zum frühen Abend gehört Ihnen das Ganze hier noch fast allein. Wobei ich noch um Ihr Verständnis dafür bitte, dass wir weder Hunde noch andere Haustiere akzeptieren. Auch Kinder unter sieben Jahren werden als Gäste abgelehnt. Selbst Gäste wie unser Präsident Nelson Mandela haben sich daran gehalten.“ Unsere Terrassensuite stellte sich als eine von zwölf der japanischen Innenarchitektur nachempfundenen Luxusrefugien heraus und

Meistens gehört dem Gast der kleine Swimmingpool allein. Die himmlische Ruhe wird nur durch fröhliches Vogelgezwitscher unterbrochen.

hieß „Bonsai Terrace Suite“. In unserem großzügig und elegant möblierten Reich verfügten wir über Klimaanlage, Fernseher im Wohn- und Schlafbereich und ein komfortables Badezimmer, in dem beheizte Handtücher genauso selbstverständlich waren wie zwei Waschbecken, separate Dusche und WC, Telefon und Radio.

Frank Zlomke zeichnet als der wohl beste Koch Südafrikas für das Hotelrestaurant „Bosman's“ verantwortlich. Er kann sogar mit ehemaligen Arbeitsstätten wie dem Restaurant „Schwarzwaldstube“ im Hotel „Traube Tonbach“ aufwarten. Heute braucht er keinen Vergleich mit seinem berühmten deutschen Kollegen zu scheuen. Erst 1998 wurden in seine Küche Unsummen investiert, damit er auch bei der Technik immer auf dem neuesten Stand bleibt. Hier kommen südafrikanische Delikatessen weitab vom kulinarischen Mainstream auf den Tisch: Strauß-Lasagne oder Mango-Kokosnuss-Piccata und dazu die Wahl zwischen den dreihundert besten Weinen Südafrikas.

facts

Grande Roche Hotel

Paarl – Western Cape – South Africa
Tel. 0027 (21) 863 2727 – Fax 863 2220
E-Mail: gr-hotel@adept.co.za

35 Suiten

Eine Außenstelle des Garten Edens bietet der deutsche Hoteldirektor Horst W. Frehse seinen Gästen – mitten im herrlichen Weinanbaugebiet von Südafrika.

Direkt am Meer ein moderner zweigeschossiger Bau, der seinen Poolbereich und Vorgarten mit einer Mauer vor der turbulenten Strandpromenade schützt.

The Bay

Kapstadt - Südafrika

„Die ganze Welt in einem Land, ein Naturparadies von atemberaubender Schönheit und Vielfältigkeit", wie oft hatte ich das schon über Südafrika gelesen. Allerdings war der Apartheidstaat aus politischen Gründen bis 1994 ein Tabu für mich. Danach dauerte es noch ein paar Jahre, bis ich den südlichsten Zipfel des afrikanischen Kontinents endlich besuchen konnte. Um nicht von zu vielen Eindrücken erschlagen zu werden, hatten wir uns für den Urlaub nur die Provinz Western Cape mit Kapstadt und der berühmten Garden Route ausgesucht. Im Vorhinein: Vermeiden Sie möglichst als Reisezeit Mitte Dezember bis Mitte Januar – in Südafrika sind dann Sommerferien, alles ist überfüllt und die Preise nicht mehr zu überbieten.

Als der Pilot langsam eine Schleife über der Südspitze der Kaphalbinsel drehte, erhielten wir einen atemberaubenden Ausblick auf den von der Brandung zweier Ozeane umtobten Cape Point und das Cape of Good Hope und in der

Die Gästezimmer überzeugen vor allem durch viel Platz, komfortable Möblierung und große Balkone. Obwohl die Räume in Größe und Ausstattung alle gleich sind, sollten Sie auf einer Unterkunft mit Meerblick bestehen: Der Blick auf den Atlantischen Ozean ist zu jeder Tageszeit atemberaubend.

Ferne den Tafelberg. Vom Flughafen dauerte die Fahrt mit dem Auto, zuerst auch vorbei an Townships, bis zur Innenstadt nicht einmal zwanzig Minuten. Nachdem wir die gläsernen Wolkenkratzer des Citykerns passiert hatten, erreichten wir die Küste des Atlantischen Ozeans. Auf der kurvenreichen Straße, die zu Kapstadts mondänem Vor- und Badeort Camp's Bay und zu unserem Hotel führte, wähnten wir uns eher irgendwo an der Côte d'Azur: Weiße Sandstrände wechselten mit schroffen Steilküsten und exklusiven Villenvierteln.

Das Hotel „The Bay", ein moderner weißer Bau mit zwei Geschossen, schien sich fast an die zerklüfteten Felswände der „Twelve Apostles" anzulehnen. Vorne schirmte eine meterhohe Mauer den Garten mit viel Grün und kleinem, engem Poolbereich von der turbulenten Durchgangsstraße ab. Wäre es nicht gerade Neujahrs-Wochenende gewesen, vielleicht hätten wir auch etwas vom Strand gesehen. So schaute man nur auf stehende (zum Liegen reichte der Platz nicht) Menschen, die Strand- und Meeresblick verdeckten.

Zum Empfang führte eine kurze Anfahrtsallee, die in eine pompöse Marmortreppe überging. Wir standen in einem lichtdurchfluteten und in Pastellfarben gehaltenen Raum mit der Rezeption. Durch große, verglaste Flügeltüren schauten wir in eine quirlige

Espresso-Bar, die auf eine Terrasse und den Poolbereich hinausging. Sofort nahm uns eine sympathische, legere Atmosphäre gefangen, der sich auch das etwas unbedarfte, aber recht bemühte Personal anpasste. Wer Luxus, Eleganz und First-Class-Service erwartet, ist hier sicher fehl am Platz.

Stellt man sich aber auf funktionale Bequemlichkeit und saloppes Flair ein, wird man sich im „Bay-Hotel“ gut aufgehoben fühlen. Hinzu kommt noch das Strandleben (nicht immer ist der Strand übervölkert), das man fast direkt vor der Haustür genießen kann.

Funktionale Bequemlichkeit und Stoffe in sonnengetränkten Farben tragen viel zum sommerlichen Ambiente des Strandhotels bei.

Die siebzig Gästezimmer, davon drei Suiten, überzeugen vor allem durch sehr viel Platz, komfortable Rattanmöblierung und große Balkone. Die begehbaren Schränke sorgen auch bei längerem Aufenthalt für genügend Stauraum. Die Stoffe in sonnengetränkten Farben tragen viel zum sommerlichen Ambiente bei. Obwohl die Zimmer in Größe und Ausstattung alle gleich sind, empfehle ich unbedingt eine Unterkunft mit Meerblick, denn die Straße vor dem Strand wird abends wesentlich ruhiger. Mit etwas Glück bekommen Sie vielleicht unser Zimmer Nummer 411 mit zwei herrlichen Terrassen. Sollten Sie eine Suite wünschen, dann nicht die Nummer 432; denn dann haben Sie den Ausblick auf eine Tankstelle und Parkplätze.

Tadelloses Frühstück gab es im „Restaurant at the Bay“. Im Hotelrestaurant versucht sich Gernot Bunke aus Deutschland an gewagten Kombinationen aus mediterranen und asiatischen Gerichten. Der große Meister möge uns verzeihen, aber uns gefiel es im benachbarten, sehr hippen Restaurant „Blue“ wesentlich besser. Hier wurde zwar sehr zwanglos und locker bedient, aber die Fischspezialitäten waren auch ohne jeden Schnickschnack einfach superb zubereitet.

facts

The Bay

Camps Bay – Cape Town – South Africa
Tel. 0027 (21) 438 4444 – Fax 438 4455
E-Mail: thebay@iafrica.com

70 Zimmer, davon 3 Suiten

Modern, funktionell und etwas saloppes, aber sympathisches Flair. Direkt am Strand im mondänen Vor- und Badeort von Kapstadt gelegen (nicht die Tage des Jahreswechsels für einen Aufenthalt wählen!).

Das Resort gehört zu den schönsten und originellsten Hotelanlagen der Welt mit einer bis ins Detail stimmigen Südseeatmosphäre.

Bora Bora Lagoon Resort

Bora Bora - Südsee

Schon die bloßen Namen der Südseeinseln rufen bei Mitteleuropäern die Vorstellung vom Garten Eden irgendwo in den Weiten des Pazifischen Ozeans hervor. Nicht weniger als hundertfünfzehn Inseln und Atolle umfasst allein Französisch-Polynesien, die berühmtesten darunter sind Tahiti und Bora Bora. Über Los Angeles erreichten wir den internationalen Flughafen Tahitis. Von Papetee war es dann nur noch eine halbe Flugstunde nach Bora Bora. Wahrhaftig, Bora Bora hat ihren Ruf als malerischste Südseeinsel verdient.

Schon was man von der etwas altersschwachen Propellermaschine aus sehen konnte, war atemberaubend. Wie eine kostbare Kette umgeben Korallenriffe die kleine Schwester Tahitis. Die Lagune schillert in allen Farben, von hellem Türkis bis zu dunklem Aquamarin. Tropisches, sattes Grün zieht sich an zwei steil aufragenden Vulkanen hoch, die wie verwitterte Burgruinen aussehen. Nach dem kurzen Flug wartete schon ein hoteleigenes Boot auf uns und schipperte uns in zwanzig Minuten nach Matu, einer winzigen Privatinsel im spektakulären Korallenkollier. Das „Bora Bora Lagoon Resort" gehört einfach zu den schönsten und originellsten Hotelanlagen der Welt: Denn hier wohnt man typisch polynesisch in Pfahlbauten, ohne auf den Luxus der Moderne verzichten zu müssen. Das Hauptgebäude scheint seine Gäste wie eine weit geöffnete Hand willkommen zu heißen, deren einzelne Finger sich bis ins kristallklare Wasser vorschieben. Fünfzig bambusgedeckte Überwasserbungalows verteilen sich in der Lagune; sie sind mit Holzstegen an das Inselparadies angebunden. Weitere dreißig Bungalows verkriechen sich direkt am Strand unter windzerzausten Palmen oder verstecken sich im tropischen Garten.

Im offenen Empfangsbereich fühlten wir uns schon beim Begrüßungscocktail in die bis ins kleinste Detail stimmige Südseeatmosphäre hineingezogen. Den landestypischen rustikalen Charakter unterstrichen Rattanmöbel, dezent bunte, handgewebte Stoffe, exotische Pflanzenarrangements und überall dunkles Tropenholz.

Wie ein funkelnder Edelstein leuchtete die Skulptur der heiligen „Huna“ (Schildkröte) auf einem Korallenpodest. Wir entdeckten „The Pavilion“, einen friedlichen Salon mit Bibliothek, und schauten in ein Meer aus tropischen Pflanzen im romantischen Restaurant „Otemanu“. So eingestimmt wurden wir zu unserem Überwasserbungalow geführt: Buchen Sie auf jeden Fall eine dieser einzigartigen „Hotelhütten“! Wo wird schon von der eigenen Terrasse der direkte Zugang zum Meer geboten?

In den einzigartig schönen „Hotelhütten“ hat man von der eigenen Terrasse aus direkten Zugang zum kristallklaren Meer.

Auf viel Platz konnten wir uns inmitten bewusst schlichter Eleganz in einer typisch polynesischen Einrichtung komfortabel ausbreiten. Das Holzreich überzeugte mit edel glänzendem Yucca auf dem Fußboden, an Wandverkleidungen und an den großen Gittertüren und Fenstern. Über dem Ganzen schien die tief heruntergezogene, spitze Bambusdecke fast frei zu schweben. Für Bequemlichkeit sorgten Korbsessel, ein mit bunten Kissen übersätes Sofa und ein wahrhaft fürstlich ausgestattetes King-Size-Bett. Satellitenfernseher und Minibar waren diskret in einem geflochtenen Schränkchen versteckt. Ein Deckenventilator sorgte stilgerecht tropisch dafür, dass immer ausreichend frische Brisen durch unser Refugium wehen konnten. Das Badezimmer mit separater Dusche war ebenso heimelig wie luxuriös.

Natürlich dreht sich in dieser Südsee-Oase alles ums Wasser. Nie werden wir die faszinierend bunte Unterwasserwelt und das vielfältige Leben in den Korallenriffen vergessen. Immer werden uns die traumhaften Plätze zum Schwimmen, Tauchen, Windsurfen, Segeln und Wasserskilaufen im Gedächtnis bleiben. Ausflügen mit Glasbodenbooten und Fahrten zum Füttern von Haien liefern Stoff zum Erzählen. Wer's bequemer schätzt: Das Resort verfügt auch über eine (tagsüber meist verwaiste) wunderschön gestaltete Poolanlage. Man kann auch ein Tennismatch einlegen oder sich beim Volleyballspielen austoben. In einem Fitness-Center versuchten unerschrockene Gäste, ihre Muskeln zu stählen. Da überließen wir es lieber Masseuren, unsere müden Knochen nach zu viel Wassersport zu lockern.

Locker und lässig ging es von morgens bis abends im „Café Fare" zu. Gleich neben dem Pool konnte man sich hier raffinierte kleine Gerichte servieren lassen oder abends an opulenten frisch gebrutzelten Barbecues teilnehmen.

Uns zog es meistens zum Dinner auf die Terrasse vor dem mit Tropenblumen dekorierten Restaurant „Otemanu". Hier war es nicht nur die ausgezeichnete, internationale Küche mit leicht kreolischem Touch und polynesischen Schmankerln aus dem Erdofen, die es uns angetan hatte, sondern auch ein dramatisches Schauspiel in dunkler Tropennacht: Wie Scherenschnittfiguren sah man tahitianische Tänzer und Musiker in Kanus auf den Strand zusteuern. Unterhalb der Terrasse boten sie dann auf einer kleinen schwimmenden Bühne bezaubernde Vorführungen – Traum der Südsee.

Auf viel Platz kann man sich in einer typisch polynesischen Einrichtung komfortabel ausbreiten.

Auf eine himmlische Nachtruhe stimmten wir uns in der Bar der „Hiro Lounge" ein. Gern überließen wir den unermüdlichen Gästen einen Besuch in der Diskothek im dezent versteckten „Pub Heiva", aus dem absolut kein Geräusch in die paradiesische Südseeidylle drang.

facts

Bora Bora Lagoon Resort

Bora Bora, French Polynesia
Tel. 00689 – 60 – 4000 – Fax 60 – 4001
E-Mail: bblr@mail.pf

80 Pfahl-, Strand- und Gartenbungalows

Auf der malerischsten Südseeinsel in der schönsten und originellsten Hotelanlage urlauben und in typisch polynesischen Pfahlbauten wohnen, ohne auf den Luxus der Moderne verzichten zu müssen – was kann schöner sein?

The Regent Resort

Chiang Mai - Thailand

Die Stadt Chiang Mai hat sich im Laufe ihrer langen Geschichte den Beinamen „Rose des Nordens“ verdient. 1296 stieß der thailändische Fürst Mengrai bei einem Dorf auf ein Pärchen weißer Hirsche und eine Familie weißer Mäuse, die friedlich miteinander lebten – ein gutes Omen für eine Residenzgründung und vielleicht auch für ein Luxushotel. Seitdem ist Chiang Mai immer ein wichtiger Verkehrsknotenpunkt zwischen Birma, Laos und China gewesen. In der heute leicht welkenden Rose lohnen sich besonders die Besuche einiger der über dreihundert historischen Tempelanlagen. Um den berühmten Nachtbasar können Sie ruhig einen Bogen machen. Dort schieben sich nur Menschenmassen an schier unzähligen Verkaufsständen vorbei und die Auswahl an Folklorekitsch und schaurig gefälschter Designerware ist eher zum Abschrecken. Erst vor den Toren der Stadt können Sie noch das ursprüngliche Thailand entdecken und werden mit einmaligen Sehenswürdigkeiten belohnt: Da gibt es abgelegene Tempel in wildromantischen Berglandschaften, den Chiang-Dao-Höhlentempel, Orchideen-, Schmetterlings- und Schneckenfarmen und Elefanten-Camps. Zum weltberühmten „Goldenen Dreieck“ sind es knapp dreihundert Kilometer.

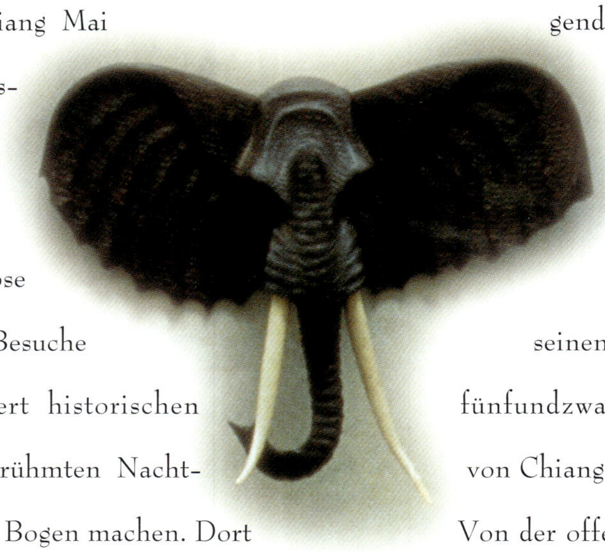

Zu den neuen Attraktionen des Nordens gehört das „Regent Resort Chiang Mai“, das sich seit seiner Eröffnung im Oktober 1995 zu einem hervorragenden Ausgangspunkt für die Erkundung des Nordens erwiesen hat. Spektakulär liegt das Hotel im Mae-Rim-Tal, das sich mit seinen saftig grünen Reisfeldern fünfundzwanzig Kilometer nördlich von Chiang Mai erstreckt.

Von der offenen Empfangshalle schauten wir in eine dem Urwald entrungene Parklandschaft, auf deren Gelände zweigeschossige Teak-Pavillons einen Halbkreis um Reisfelder bildeten, und am Horizont zeichnete sich die Silhouette einer Hügelkette ab. Als Vorbild für das internationale Spitzenhotel nahm sich der Architekt Chulathat Kitibutr ein altes Bauerndorf im Mae-Rim-Tal, das seinen Ursprung im 13. Jahrhundert hat.

Von der Restaurantterrasse
schaut man auf dem Urwald
abgerungene Reisfelder
und eine Parklandschaft
mit den Gästebungalows
aus edlem Teakholz.

Wenn die Sonne untergeht, verwandelt sich das „Regent“ in ein brillant beleuchtetes Kunstwerk wie aus „Tausendundeiner Nacht“.

bereich. Direkt hinter der Badewanne gab eine verglaste Wand den Blick in unseren kleinen privaten Garten preis, der von einem kleinen hölzernen Elefanten bewacht wurde. Jede der vier Suiten eines Pavillons hat eine große Terrasse, die mit ihrer bequemen Möblierung noch ein extra Zimmer im Freien darstellt. Als kleinen Nachteil empfanden wir, dass wir von unserer Behausung nicht den freien Blick auf die Reisfelder hatten. Zwar war die Lage

Nachdem wir die steile Holztreppe in unsere Suite erklommen hatten, öffnete sich die Tür in ein großzügiges, kühles Refugium mit Böden, Balkendecken und Möbeln aus edlem Teakholz. Von einheimischen Handwerkern stammen die urigen, holzgeschnitzten Figuren, Weidenkörbe, Wandbilder und Schreibtischutensilien. Chinesische Kunst repräsentierte ein reich verzierter Schrank, in dem wir ganz schnöde den Fernseher mit Videogerät und eine Stereoanlage entdeckten. Für die kräftigen Baumwollstoffe wurden helle, sandfarbene Farben gewählt. Das King-Size-Bett und die Sessel waren mit bunten Seidenkissen dekoriert. Ein wunderschönes, holzverkleidetes eigenes Reich war das Badezimmer mit Ankleide-

inmitten des dichten Dschungels sehr exotisch, doch ich würde Ihnen die Suiten mit weitem Ausblick empfehlen. Davon gibt es zum Glück eine ganze Menge: Fragen Sie nach den Suiten Nummer 801, 802, 1301, 1302, 1401, 1402, 1501, 1502, 1601 und 1602. Wer noch feudaler und luxuriöser als in den insgesamt vierundsechzig Pavillon-Suiten wohnen möchte, bucht eine der riesigen Penthouse-Einheiten in den „Residences at The Regent“ mit privatem Außenwhirlpool. Apropos Pool: Auch ein Paradies kann einen kleinen Makel haben und das war der zwar herrlich angelegte, aber etwas zu klein geratene Poolbereich. Eines Luxusresorts unwürdig war der tägliche Kampf um einen freien Liegestuhl. Manche Gäste nahmen ohne Murren mit Plätzen in der Poolbar vorlieb, aber das sonst so beflissene Personal ignorierte dieses Übel ganz einfach. Da floh man gern in die himmlische Ruhe des Gesundheits- und Fitness-Centers. Dort konnte man sich bei einer Thaimassage oder einer Schönheitsbehandlung der Enge entziehen. Ein friedlicher Genuss waren auch die Spaziergänge durch die Gärten und Felder der Anlage.

Spektakulär liegt das Hotel im Mae-Rim-Tal, das sich mit seinen saftig grünen Reisfeldern fünfundzwanzig Kilometer nördlich von Chiang Mai erstreckt. Himmlische Ruhe herrscht im Gesundheits- und Fitness-Center. Herrlich entspannend sind hier die berühmten Thaimassagen.

Man kommt an exotischen bunten Blumenbeeten vorbei, gerät zwischen romantischen Wasserläufen und Lilienteichen ins Träumen, entdeckt im dichten Gebüsch versteckte Holzfiguren und landet in der kleinen Farm, deren einziger Viehbestand vier kolossale Wasserbüffel sind. Wenn die Sonne untergeht, verwandelt sich das „Regent" in ein brillant beleuchtetes Kunstwerk wie aus „Tausendundeiner Nacht". In raffinierte Bestrahlung getaucht, scheinen die Spitzgiebel der Pavillons frei in der Tropennacht zu schweben. Strahler in Bäumen, Büschen und entlang der Wege täuschen geheimnisvolle Silhouetten vor. Wir genossen jeden Abend in dem ausgezeichneten Thai-Restaurant „Sala Mae Rim" bei Köstlichkeiten wie saurer Krabbensuppe oder Kokosmilchhuhn dieses atemberaubende Schauspiel. Und morgens zum Frühstück, wenn die Konturen der Landschaft erst langsam aus dem Morgennebel hervortraten, erlebten wir das Erwachen des thailändischen Dschungels.

facts

The Regent Resort Chiang Mai

Mae Rim, Chiang Mai 50180, Thailand
Tel. 0066 (53) 298-181 – Fax 298-190

64 Pavillon-Suiten, 11 Residence Suiten

Märchenhafte Oase im Mae-Rim-Tal gelegen. Exquisites Restaurant (Candlelight-Dinner auf der Terrasse!). Schöne, aber leider nur kleine Poolanlage.

So kann ein privater Pool aussehen, dessen sechsundzwanzig Meter mit schwarz gefliestem Boden dem Gast ganz allein gehören.

Amanpuri Villas

Phuket - Thailand

Das „Amanpuri", die „Stadt des Friedens", ist ein wahrer Traum – aber gigantisch teuer. Mit immensen Kosten meine ich weit über tausend US-Dollar für eine Nacht. Allerdings spreche ich von einem Aufenthalt in den „Villas", die abseits der „normalen" Hotelanlage liegen. Leider, leider, wenn man nicht im „Amanpuri" wohnt, sei es „normal" oder in den Villen, kann man die heute zum hässlichen Tourisstenghetto verkommene Insel eigentlich vergessen. Schon als wir die streng bewachte Schranke zum „Amanpuri" passierten, fühlten wir uns in eine andere Welt versetzt. Wie magisch fiel die Alltagswelt von uns ab und fast gleichzeitig stimmten wir an: „Hier bleiben wir ewig und rühren uns nicht von der Stelle." Nach dem Einchecken wurden wir und unser Gepäck mit einem offenen Buggy durch eine gepflegte, hügelige Parklandschaft mit unzähligen windzerzausten Palmen und versteckten Villen gefahren, selbstverständlich mussten wir noch einmal durch eine bewachte Schranke. Das Gefühl der totalen

Entspannung wurde noch bestärkt, als wir von einer mächtigen Steintreppe aus unser privates, uneinsehbares Ferienrefugium betraten. Zwei Thaimädchen schienen nur auf uns gewartet zu haben und behängten uns mit Kränzen aus Orchideen. Es stellte sich heraus, dass diese freundlichen, dienstbaren Geister sich von morgens bis abends nur um unser Wohl zu kümmern hatten. Sie führten uns erst einmal in „ihr" Häuschen und zeigten uns ihre oder eigentlich unsere Küche, in der sie für unser leibliches Wohl sorgen würden. Mit Tee, Keksen und herrlich duftenden, eisgekühlten Frotteeservietten gewappnet, begleiteten sie uns kichernd und ausgelassen englisch radebrechend in unser Thai-Haus, das als komfortables Schlafgemach eingerichtet war. Natürlich durften wir nicht selbst die Koffer auspacken. Liebevoll war schon der Tisch auf unserer Poolterrasse eingedeckt und wir wurden aufgefordert, uns auf den mit weichem Frottee bespannten Holzliegen auszu-

Nachdem man die streng bewachte Schranke zum „Amanpuri“ passiert hat, fühlt man sich in eine andere Welt versetzt. Man lässt den Alltag hinter sich. Wer in den Villen wohnt, wird nur selten sein Paradies verlassen, um in die „normale Hotelwelt“ mit unzähligen Treppen einzutauchen.

ruhen. Verlockend der schwarz gefließte Pool von großzügigen sechsundzwanzig Meter Länge. Eingerahmt wurde das Ganze von herrlich weißen Orchideengewächsen in gewaltigen Terrakottakübeln. Ein bisschen Folklorekitsch ist doch ganz schön: Ein putziger Holzelefant und eine güldene Wandplastik spiegelten sich im dunklen Wasser des Pools, der von einem offenen Pavillon begrenzt wird. Durch dichten Palmenwald wand sich eine Steintreppe einen steilen Felsen hinunter zum Meer. Hier gab es auf halber Höhe noch einmal eine Terrasse mit einem feudalen Wohn- und Speisepalast und direkt am Wasser ein weiteres Domizil zum Schlafen. Unendlich weit entfernt vom Rest der Welt stürzten wir gleich nach dem Aufstehen ins erfrischende Nass, nahmen unser Frühstück im Poolpavillon ein und warteten anschließend auf den Küchenchef. Mit ihm stellten wir dann Schlemmermenüs zusammen, deren Zutaten auf den Märkten jeden Tag frisch eingekauft werden. Unsere Maids übertrafen bei der Zubereitung jedes Restaurant. Sie kochten noch nach alten Familienrezepten, die jedes Herz eines Liebhabers der thailändischen Küche höher schlagen lassen. Vielleicht sollte ich erwähnen, dass der Gast nur die eingekauften Zutaten bezahlt. Den ganzen Tag über wurden wir mit köstlichen Getränken und frischem Obst versorgt, ständig lagen frische Handtücher auf unseren Liegen und die Sonnenschirme waren Schatten spendend auf die

Ruhestätten ausgerichtet. Wenn dann abends die Sonne wie ein glühender Feuerball im Meer versank, war spätestens aus dem spröden Realisten in mir ein schwärmerischer Romantiker geworden. Ich glaube, es wäre müßig, jetzt noch auf die einmalig selbstverständliche Eleganz und luxuriöse Einrichtung der Refugien hinzuweisen, die ohne überladenen Pomp alle nur erdenklichen Annehmlichkeiten bieten. Das „Amanpuri" stellt seinen Gästen dreißig dieser Paradiese zur Verfügung. Meistens werden die „Villas" von befreundeten Paaren gemeinsam oder von Großfamilien angemietet. Wer mag, kann sich jederzeit mit den Buggies in die „normale" Hotelwelt des „Amanpuri" fahren lassen. Neben dem offenen Empfangsbereich finden Sie eine auch mit deutschen Büchern und Zeitungen ausgestattete Bibliothek. Sie schauen auf den fast schon legendären, schwarz gekachelten Hotel-Pool und haben die Auswahl zwischen zwei Restaurants, einem mit exzellenter thailändischer Küche und einem mit nicht so gut zubereiteten italienischen Gerichten. Zum Lunch empfehle ich Ihnen allein wegen der Aussicht auf Meer, Strand und Palmen eher die Terrassen des Beachrestaurants, wo Ihnen ausgezeichnete Grillspezialitäten serviert werden. Eine imposante, steile Treppe führt an den Hotelstrand hinunter. Hier werden Sie von freundlichen Beachboys von morgens bis abends bedient. Ihr Badevergnügen können Sie in einem Gym-Pavillon unterbrechen, ein Tennismatch einlegen oder sich zu einem nahen Golfplatz fahren lassen. Natürlich finden Sie auch einen „Health & Beauty Service". Wer will schon auf eine Thaimassage verzichten?

Doch was ist das alles gegen die Abgeschiedenheit und Ruhe, den Komfort und Frieden im Paradies der „Amanpuri Villas".

Zwei Thaimädchen kümmern sich von morgens bis abends mit gewinnender Herzlichkeit ganz allein nur um das Wohl der Gäste in einer Villa.

facts

Amanpuri Villas

Phuket Island 83000, Thailand
Tel. 0066 (076) 324-333 – Fax 324-100
E-Mail: amanpuri@loxinfo.co.th

30 Villen

Amanpuri, die „Stadt des Friedens", entführt in eine exklusive, exotische Welt, aus der man nie wieder fortmöchte. Die Villas bieten zusätzlich großen Privatpool, Salon, eigenen Maid- und Küchenservice.

Im schönsten Hotel des Vorderen Orients spiegelt sich das historische Istanbul in den riesigen Fenstern der Gästezimmer.

Four Seasons Hotel

Istanbul - Türkei

Im Jahre 1917 gab Kemal Atatürk den Auftrag, inmitten der historischen Altstadt einen neoklassizistischen Bau als Edelverlies für politische Gefangene und Intellektuelle zu bauen, um seinen vielleicht doch nicht so ganz ungeliebten Widersachern einen würdigeren Rahmen zu geben als den gewöhnlichen Verbrechern. Nachdem das prächtige Gebäude als Gefängnis ausgedient hatte und der Verfall drohte, beauftragte die kanadische Hotelgruppe „Four Seasons Hotels and Resorts" die bekannten türkischen Architekten Jalcin Özüekren und Sinan Kafadar damit, das Verlies in ein First-Class-Hotel umzuwandeln. Im August 1996 präsentierten sie eines der schönsten Hotels im Vorde-ren Orient. Man braucht schon sehr viel Fantasie, um sich vorzustellen, dass hinter der strahlend ockerfarbenen Fassade mit ihren vielen originalgetreuen Fliesen einmal Häftlinge um Allahs Hilfe flehten.

Heute werden Sie von einem livrierten Pagen in ein marmorschimmerndes Reich geführt, das architektonisch subtil die Bauweise alter, osmanischer Meister wieder aufnimmt. Neben dem Empfangsbereich fällt der Blick in die elegante Bar und stilvolle Salons. Große Fenster und Türen geben den Ausblick auf blühende Gärten mit Springbrunnen, Terrassen, Arkaden und den verglasten Restaurantpavillon frei. Die Balance zwischen türkischer Tradition und kosmopolitischer Moderne begegnet Ihnen auf Schritt und Tritt. Da finden Sie in die Marmorböden eingelassene antike, geometrische Muster und Symbole, an den Wänden Bilder Istanbuls von zeitgenössischen, türkischen Malern und gerahmte Reproduktionen von Buchstabenfolgen, die an die große Schrifttradition der Osmanen erinnern.

Auch in den fünfundsechzig Gästezimmern fanden wir die Aussage des Managers bestätigt: „Wir möchten ein Schaufenster der alten und neuen türkischen Kultur sein." Das kann man leicht sagen, wenn dann noch das historische Istanbul durch die riesigen Fenster direkt ins Zimmer kommt.

Man braucht schon sehr viel Fantasie, um sich vorzustellen, dass hinter der strahlend ockerfarbenen Fassade einstmals Häftlinge um die Hilfe Allahs flehten.

Fast zum Greifen nahe hat man die Hagia Sophia, die Blaue Moschee, den Topkapi-Palast und die vielen Minarette vor sich. Wir konnten aus unseren Fenstern sogar den Blick auf den Bosporus genießen. Diese Welt aus „Tausendundeiner Nacht" können Sie in einem fast fünfzig Quadratmeter großen Refugium (Standardzimmer) auskosten, das mit eleganten Möbeln, Fernsehgerät (auch deutsche Kanäle), Videorecorder, CD-Player, Fax- und Computer-Anschluss und Minibar ausgestattet ist. Rund um die Uhr kümmert sich ein Heer von zweihundert hervorragend geschulten, ausschließlich einheimischen Angestellten um maximal hundertdreißig Gäste. Annehmlichkeiten wie Wäschereinigung über Nacht, Bügelservice innerhalb einer Stunde, kostenloser Schuhputzservice, morgens eine Tageszeitung und zweimal täglich Zimmerreinigung entsprechen den „Four Seasons"-Standards, aber eben auch gehobener türkischer Hotelkultur – Dienstleistung ist hier noch erschwinglich. Jeden Tag steht ein frisch mit Eis gefüllter Champagnerkübel auf Ihrem Tisch, dessen Inhalt nur beim ersten Mal eine Enttäuschung ist; denn statt des erhofften Champagners handelt

Die Welt aus Tausendundeiner Nacht kann man in einem fast fünfzig Quadratmeter großen Refugium, sprich Standardzimmer, voll auskosten.

es sich um eine Flasche mit Mineralwasser: alkoholsiz – alkoholfrei. Eine kleine Entschädigung sind die Teller mit den herrlich duftenden getrockneten orientalischen Früchten. Selbstverständlich verfügen die großzügigen Bäder in weißem Marmor über jeglichen Komfort einer modernen Edelherberge, seien es separate Duschen, frei stehende Holzwaschtische, bunte Frottee-Bademäntel, und wenn Sie Glück haben, eine Toilette mit Ausblick auf die Hagia Sophia. Noch mehr Istanbul, noch mehr Luxus und noch mehr Platz bieten die Suiten mit Dachterrasse und noch beeindruckender ist von hier der weite Blick über die türkische Metropole.

Bis jetzt hat das Hotel noch kein türkisches Bad, dafür aber einen Health-Club mit Saunen und einem Fitnessraum mit modernsten Geräten für das Krafttraining.

Das Restaurant „Seasons" hat sich auch bei einheimischen Gourmets einen guten Ruf erworben. So ist es ratsam, sich einen Tisch reservieren zu lassen. Besonders bei schönem Wetter sind die Terrassen im Innenhof schnell ausgebucht. Ein unvergessliches Erlebnis war für uns ein Mahl auf der Dachterrasse. Als „glücklich Inhaftierte" – zu unseren Füßen Europa und Asien – hätten wir es eine Ewigkeit aushalten können. Zum Schluss genossen wir noch türkischen Kaffee mit zuckersüßem Lukum im „Winter Garden Café".

facts

Four Seasons Hotel

Istanbul, Türkei
Tel. 0090 (212) 638 8200 – Fax 638 8210

65 Zimmer, davon 11 Suiten

Hier nächtigt man mitten in der Altstadt von Istanbul in einem ehemaligen Gefängnis, das sich heute als eines der schönsten Hotels im Vorderen Orient präsentiert. Nur wenige Schritte sind es zur Hagia Sophia, der Blauen Moschee und dem Topkapi-Museum.

Immerhin gehört dieser
Innenhof zu einem der zehn
besten Restaurants der Welt
und zu dem „Romantic
Hideaway“ in Amerika.

The Inn at Little Washington

Washington - Virginia

Nach zehn Tagen Stress und Hektik in New York wollten wir einmal so richtig „Ferien vom Ich" machen, weitab von den ausgetrampelten Touristenpfaden. Unser erstes Ziel hieß Washington (auch Little Washington genannt) in Virginia, das nur gut hundert Kilometer von der Hauptstadt der Vereinigten Staaten entfernt liegt. Es ist der einzige Ort, der nach George Washington benannt wurde, bevor er zum Präsidenten gewählt wurde. Das winzige Dörfchen mit hundertsechzig Seelen schmiegt sich in die hügeligen Ausläufer der Blue Ridge Mountains und wäre sicher nicht erwähnenswert, gäbe es dort nicht ein weltberühmtes Restaurant mit dem kleinen Hotel „The Inn at Little Washington". Seit Jahren wird das Haus ununterbrochen von den bekannten, internationalen Gourmet-Magazinen als eines der zehn besten Restaurants der Welt genannt und das Hotel wird als das „Romantic Hideaway" in Amerika ausgewiesen.

Wir landeten ganz automatisch an der einzigen Straßenkreuzung des verschlafenen Nestes. Auch ohne irgendein Hinweisschild konnte dort nur ein unprätentiöses, weiß-graues Südstaatenhaus das Inn sein. Vier Fahnen, eine mit dem Relais & Châteaux-Emblem, beherrschten die Holzfassade. Um den ganzen ersten Stock lief ein Balkon mit einer Holzgitterbalustrade. Aus dem Dachgeschoss lugten Giebel hervor, deren Türen auf winzige Balkone hinausführten. Von der Veranda aus konnte

Ganz automatisch landet man in dem verschlafenen Nest vor dem hell erleuchteten Südstaatenhaus, dessen Holzfassade von vier Fahnen beherrscht wird.

man durch drei große, hell erleuchtete Sprossenfenster schauen und erahnte bereits vornehmes Interieur. 1978 verwirklichten Patrick O'Connell und sein Partner Reinhardt Lynch hier ihren Traum von perfekter Gastlichkeit: Mr. O'Connell als begnadeter Kochkünstler und Mr. Lynch als Manager und Maître de Plaisir. Damit in ihrer effektvollen Inszenierung alles wie am Schnürchen läuft, lassen sie sich von fünfundfünfzig engagierten und bestens geschulten Angestellten unterstützen. Für theatralisches Design sorgte die britische Innenarchitektin Joyce Conwy-Evans, die einst an der Londoner Oper für Kostüme und Ausstattungen verantwortlich war. Sie ließ eine Armada von Stoffen, Tapeten, antiken Möbeln und Kunstwerken über den Atlantik verschiffen, integrierte in „Little Washington" die Antiquitätensammlung der Besitzer und schuf ein romantisches, viktorianisches Schmuckstück mit nur zwölf Gästezimmern. Von den drei großen Suiten bis hin zu den Standardzimmern ist alles geradezu überwältigend dekoriert. Nur nüchterne Menschen finden die üppig drapierten Fenster, Nischen und Betten in schwerer Pastellseide oder Chintz etwas zu viel des Guten.

Bei Ms. Conwy-Evans bestanden nur die besten englischen Stoffhersteller, damit sie jedem Raum seinen eigenen charakteristischen Stil geben konnte. Wir ließen uns gerne in eine Welt aus Wärme, Behaglichkeit und Exklusivität verführen und bewunderten die kostbaren, antiken Möbel und die ungezählten alten Gemälde und Stiche. Einen Fernseher werden Sie hier vergeblich suchen und wer aufs Telefonieren nicht verzichten kann, findet den Apparat diskret neben dem Schreibtisch versteckt. Eine Wonne sind die behaglichen Marmorbadezimmer mit Jacuzzis. Nach dem Sprudelbad hüllten wir uns in flauschige, weiße Bademäntel ein und genossen von unserem Balkon aus den Blick in den verwunschenen Hotelgarten. Auf der Terrasse war schon alles für ein Dinner im Freien festlich gedeckt. Für Unterhaltung sorgten exotische Vögel in Käfigen und quakende Frösche.

Inmitten des theatralischen Designs im Restaurant wird jeden Abend für maximal fünfundsiebzig Gäste große „Gastro-Oper" zelebriert.

Im Restaurant oder auf der Terrasse findet jeden Abend die Hauptvorstellung für maximal fünfundsiebzig Gäste statt. Besser kann große „Gastro-Oper" nicht zelebriert werden und man sollte ja nicht versäumen, schon sehr weit im Voraus einen Tisch zu reservieren. Mr. Lynch kokettierte bestimmt nicht damit, dass für einen einzigen Samstagabend schon einmal über dreitausend Reservierungen eingegangen seien. Gleich nachdem wir Platz genommen hatten, stand eine Platte mit köstlichen Mini-Hors d'œuvres vor uns. Zwei Kellner berieten uns bei der Auswahl des Menüs und schienen sich auch danach sehr diskret nur um unser Wohl zu kümmern. Um unsere Unterhaltung nicht für Stunden zu unterbrechen, schlugen wir die aufwändige Weinkarte schon nach kurzer Zeit wieder zu und baten lieber den Sommelier, uns die passenden Weine zu empfehlen. So schwelgten wir bei köstlich zubereiteten Babylamm-Carpaccio mit Fenchel und Romarinsenf, Hasenrücken mit schwarzen Trüffeln und Steinpilzen und waren hingerissen von einem Trio aus Thunfisch-, Lachs- und Krabbenküchlein, das man in eine Sauce aus rotem Pfeffer, Senf und Spinat eintunken konnte. Jede Sünde wert waren auch die exquisiten Desserts. Als Übernachtungsgäste kamen wir am nächsten Morgen auch noch in den Genuss eines opulenten Frühstücks. Man verwöhnte uns mit hausgemachten Broten und Konfitüren, Beeren mit Crème fraîche und frisch gepressten Fruchtsäften. Pure Genussfreude!

facts

The Inn at Little Washington

Washington, Virginia, 22747
Tel. 001 540 675 3800 – Fax 675 3100
E-Mail: washington@relaischateaux.fr

12 Zimmer, 3 Suiten

Romantisches Südstaaten-Hideaway, das neben theatralischer Innendekoration beste „Gastro-Oper" zelebriert – Genuss pur. Nach zwei Tagen sehnt man sich nach deutschem Kartoffelsalat.

Llangoed Hall

Llyswen - Wales

shley verband ich immer mit der Designerin ziemlich aufdringlicher bunter Blumenmuster. Sir Bernard möge mir verzeihen, denn auch er gehört als Witwer der Erfolgsinnenarchitektin zur Laura-Ashley-Dynastie. Erst ein Besuch in seinem Waliser Hotel „Llangoed Hall“ bei Llyswen zeigte mir, dass der Name Ashley seit 1990 auch für erlesenen Geschmack, Kunstverständnis und Luxushotellerie stehen kann.

Das keltische Wales ist ganz „anders“ als England, obwohl es ein Teil Großbritanniens ist: ein Land mit eigener Kultur, eigener Geschichte, einer hochkomplizierten Sprache und besonderen Traditionen. Hay-on-Wye war der erste walisische Ort, durch den wir fuhren. Die zungenbrechenden Namen auf den Straßenschildern auszusprechen ist eine Herausforderung, bei der sich Touristen blamieren und amüsieren können. Auf den knapp zwanzig Kilometern bis Llyswen erfreute uns eine wahre Postkartenlandschaft: Grüne Hügel werden von sagenumwobenen Burgen gekrönt, die sich im

Private Gemächer im Laura-Ashley-Design haben sicher ihren Reiz, man muss es halt mögen.

Die Geschichte der schlossähnlichen „Llangoed Hall", angesiedelt in einer wahren Postkartenlandschaft, geht bis ins 6. Jahrhundert zurück.

Wasser des mäandrierenden Wye-Flusses spiegelten. Etwa zwei Kilometer außerhalb des Dorfes standen wir dann vor der schlossähnlichen „Llangoed Hall". Die Geschichte des Anwesens geht bis ins 6. Jahrhundert zurück. Es soll sogar Sitz des ersten walisischen Parlaments

Ein Genuss ist die lichtdurchflutete Großzügigkeit der Badezimmer.

gewesen sein. Später war es dann über viele Generationen ein bischöflicher Landsitz. Vor und während des Ersten Weltkriegs wurde das Gebäude von der Hutmacherdynastie Christy total umgebaut. Der Architekt Sir Claugh Williams-Ellis, der in den 20er Jahren mit dem „Italianate Village" in Portmeirion (Nordwales) berühmt werden sollte, hinterließ dem heutigen Besitzer ein wunderschönes Landhaus im späten „Edwardian style". Das Gebäude scheint geradezu in das zauberhaft friedliche Tal hineinkomponiert zu sein. Saftige Wiesen mit tausenden von weidenden Schafen gehen in die bewaldeten Hänge der Black Mountains über und das Flüsschen Wye ergänzt die romantische Umgebung. Wir wurden zwar nicht von Sir Bernhard persönlich begrüßt, aber Steward, der

Llangoed Outdoors

Enjoy Tennis Or A Gentle Game Of Croquet

The East Facade With Views Over The Wye Valley

Herbaceous Borders In Edwardian Times

Places of Interest

Wye valley and Wordsworth's beloved Tintern Abbey and Chepstow Castle: 15th Century Raglan Castle: Cardiff, capital of Wales: Hay-on-Wye, famous for its bookshops: Hereford, its Cathedral, chained library and Mappa Mundi: Leominster's antique shops.

Country Pursuits

In addition to our own all-weather tennis court and croquet lawn, our guests can fish for salmon and trout on the Upper Wye and River Irfon, and the countryside, rich in wildlife, offers a variety of rough shooting and birdwatching. Riding can be arranged nearby. If you want to 'stretch your legs', the Brecon Beacons have much to offer both the serious and casual walker.

8

Sweet-scented H And Old-fashione In An Old Wa Garden

Summer At Llangoed: The Ja Porch On The South W

gute Geist des Hauses, übertraf seinen edlen Dienstherren bei weitem an Distinktion und Garderobe. Trotz des Distanz gebietenden gepflegten grauen Scheitels, der Frackschöße und eleganter Lackschuhe stellte sich der Butler als besonders beflissen und herzlich heraus. Er führte uns in eine weite lichtdurchflutete Galerie, die wirklich nicht einfach als Flur zu bezeichnen war. Wertvolle Antiquitäten, eine Sammlung von alten Modelleisenbahnen und zahlreiche Gemälde schmückten diesen Bereich. Die Rezeption stellte sich als wuchtiger alter Tisch dar, den keine hektisch flackernden Computer verunzierten. Von Steward bestens versorgt, verbrachten wir die erste Stunde im Riesen-Salon der „Great Hall". Hier harmonierten edle Orientteppiche mit dunklem gewachstem Parkettboden, dick gepolsterte Sofas mit klassischen Tischen und Stühlen, erstklassige Gemälde mit Kristallspiegeln und opulente Blumenarrangements mit großen Zimmerpflanzen. Apropos Blumen und Pflanzen: Schauen Sie sich die Gewächse besser nicht genauer an, denn sie sind teilweise – „shame on you, Sir Bernard" – künstlich. Ob der riesige Kamin oder der Ausblick ins Grüne die Krönung des Saales sind, hängt sicher auch von der Jahreszeit ab. Gerade wegen der museumsreifen Kunstwerke und der antiken Möblierung strahlt die Halle anheimelnde Gemütlichkeit aus. Die setzt sich auch fort in der Bibliothek, einem „Jacobean"-Originalraum aus dem Jahre 1632, gilt auch für die weitläufigen Treppenhäuser mit großartigen Gobelins und Gemäldegalerien und macht auch nicht vor den dreiundzwanzig Gästezimmern Halt. Dieser privaten Atmosphäre wird auch in der typisch britischen Wander-Anekdote gehuldigt, die Steward zum Besten gab: Nach drei Tagen habe ein Gast seine Freunde, die ihn ins „Llangoed" eingeladen hatten, gefragt, wo denn die generösen Besitzer seien, die ihr Haus zur Verfügung stellten.

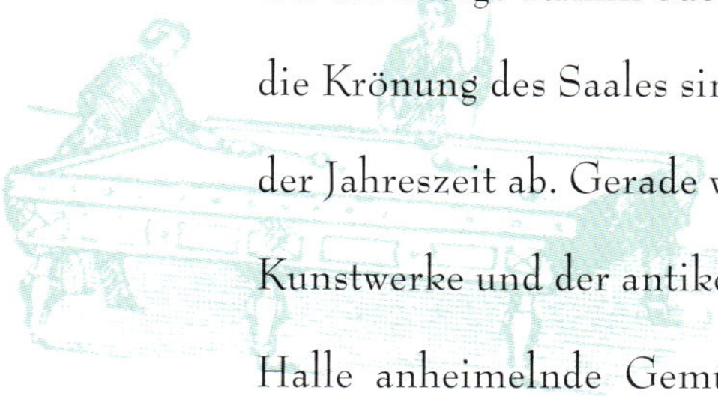

In jedem der individuell gestalteten privaten Gemächer ist es dann so weit, schlägt dann doch das typische massenhaft verbreitete Laura-Ashley-Design durch. Meinem persönlichen Geschmack entsprechen die großen bunten Muster auf

Tapeten, Gardinen und Stoffen nicht gerade, auch wenn nur ein Sujet immer variiert wird. Ein Genuss sind dagegen die Großzügigkeit der Räume, ihre exquisite Einrichtung und die Kunstwerke aus der Privatsammlung von Sir Bernard. Auf Bequemlichkeit, verbunden mit modernstem Komfort, wurde der größte Wert gelegt. Ich liebe es, wenn ich im Hotelzimmer frisches Obst, Sherry, Mineralwasser und Lesestoff als selbstverständliche Annehmlichkeiten vorfinde. Wenn ich dann noch über ein wohnliches Badezimmer mit separater Dusche und WC verfüge, fühle ich mich fast wie zu Hause. Deswegen muss man sich hier auch nicht unbedingt eine fürstliche Suite mieten, wir fühlten uns in einem Standardzimmer sehr wohl.

Der Speisesalon ist ein pastellfarbenes Reich mit sonnengelben Wänden und zarten kornblumenblauen Stoffen. Der junge Chefkoch überzeugte uns mit leichten, köstlichen Gerichten mit dem gewissen französischen Touch. Als Zutaten verarbeitet er fast ausschließlich Gemüse und Kräuter aus eigenem Garten. Besonders schwelgten wir bei walisischem Lamm, heimischem Wildlachs und „King's scallops" (Jakobsmuscheln). Als einziges Restaurant in Wales wurde das „Llangoed" mit einem Michelin-Stern ausgezeichnet – zu Recht. Übrigens: Nach zünftigem Sporting schmeckt das Essen doppelt so gut. „Llangoed" ist auf dem Gentleman gemäße Freizeitgestaltung wie Tontaubenschießen und Lachsfischen spezialisiert. Petri Heil!

facts

Llangoed Hall

Llyswen, Brecon, Powys, Wales, UK
Tel. 0044 – (01874) 754525 – Fax 754545
E-Mail: 101543.3211@compuserve.com

23 Zimmer

Schlossähnliche Unterkunft inmitten walisischer Postkartenlandschaft. Ungezählte, kostbare Kunstwerke aus der Privatsammlung von Sir Bernard Ashley sind hier Bestandteil der komfortablen und exquisiten Einrichtung.

Man wohnt mitten in der Metropole und hat doch seine Ruhe. Der Blick auf Villenvororte an endlos scheinenden Ufern ist beeindruckend.

Inn at the Market

Seattle - Washington

Um nicht „Schlaflos in Seattle" zu bleiben, hatten uns Freunde einen „very special and cosy place" in der größten Stadt des Staates Washington im Nordwesten der USA empfohlen. Wir kannten Seattle eigentlich nur aus den Schlagzeilen um Bill Gates, als Microsoft- und Boeing-Standort und als Boomtown mit gut einer halben Million Einwohner. Umso mehr waren wir überrascht, eine der am schönsten gelegenen Großstädte Nordamerikas kennen zu lernen. Seattle ist fast ganz von Wasser umgeben und erstreckt sich – nicht weit vom Pazifischen Ozean – zwischen dem Binnenmeer Puget Sound und dem Lake Washington. Der Vergleich mit San Francisco drängt sich auf, wenn man steile Straßen im Zentrum erklimmen muss oder die Stadt per Boot erkundet. Hinter den Wolkenkratzern des City-Kerns dehnt sich ein unübersehbares Geflecht von gepflegten Villengegenden auf unzähligen Hügeln und an endlos scheinenden Ufern aus. Überdurchschnitt-

In den großen, luxuriösen Badezimmern werden die Annehmlichkeiten des modernen sanitären Komforts groß geschrieben.

lich gut verdienende und gebildete Bewohner prägen Seattle mit seinem reichhaltigen, spannenden Kulturangebot, ausgezeichneten Restaurants, exklusiven Geschäften und – nicht zu vergessen – Cafés, überall Cafés.

Das Hotel „Inn at the Market" lag an einer Hangstraße gleich oberhalb der Fisch-, Blumen- und Fruchthallen des populären Pike Place Markets. Obwohl mitten im Herzen der Metropole gelegen, vermittelte das moderne Klinkerhaus sofort angenehme Ruhe und eher ländlichen Charakter. Wir kamen in einen efeuumrankten Innenhof, dessen Mittelpunkt ein Springbrunnen und ein Kirschbaum bildeten. Im Erdgeschoss hatten sich kleine Boutiquen, ein Bistro, ein Café, ein Restaurant und ein Spa-Zentrum angesiedelt. Die von riesigen Blumenkübeln eingerahmte Terrasse vor dem Restaurant war schon festlich eingedeckt und die lässig vornehmen Kellner ignorierten neugierige Blicke betont gelangweilt. Number One in Seattle verpflichtet eben. Das hoteleigene „Campagne", genauso wie das „Café Campagne" tragen mit Recht die höchsten Auszeichnungen für Kochkünste in den USA. Die Chefköchin, Tamara Murphy, wurde von dem Magazin „Food & Wine" als eine der besten zehn Köche in Amerika gefeiert. Wer es uriger mag, ist auch im „Bacco" gut aufgehoben. Aus diesem sympathischen Café bringt Ihnen der Room-Service ein ausgezeichnetes Frühstück auch auf Ihr Hotelzimmer.

Selbst mit dem nachempfundenen Charme eines französischen Landhauses überzeugten uns die freundliche Lobby des „Inn at the Market" und die siebzig großzügigen Gästezimmer. Joyce Woodard, die charmante Direktorin, sah das Hotel nicht nur als ihren Arbeitsplatz an, sondern eher als ihr

Nicht „Schlaflos in Seattle" bleibt man in komfortablen Gästezimmern, die nach den geschmackssicheren Ideen der Hausherrin gestaltet wurden.

Privathaus, das sie lieben Gästen zur Verfügung stellte. Speziell beim Interieur brachte sie sehr viel von ihrem persönlichen Geschmack ein. Die vielen Annehmlichkeiten bestanden aus überdimensionierten Polstermöbeln, wunderschönen antiken Schränken (in denen sich diskret Fernseher versteckten), bequemen Schreibtischen, breiten, komfortablen Betten und ungezählten Tisch- und Stehlampen. In den großen, luxuriösen Badezimmern hingen Unmengen flauschigen Frottees und natürlich hatte man an beleuchtete Kosmetikspiegel gedacht. Selbstverständlich waren Klimaanlage, Minibar und – unerlässlich in Seattle – Kaffeemaschinen. Fenster, die ganze Wände einnahmen, boten Ausblicke auf die Stadt, den Markt, den Innenhof, die Olympic Mountains oder auf die Elliott Bay und den Puget Sound. Wer das Besondere liebt und garantiert Seeblick haben will, mietet eine der vier gern für Modeshootings verwendeten Townhouse-Suiten mit attraktiven Terrassen, eine der drei Parlor- oder eine der drei Laura-Ashley-Suiten. Wer will, kann hier sogar selbst die Küchenschürze umbinden.

facts

Inn at the Market

Seattle, Washington, 98101
Tel. 001 206 443-3600 – Fax 448-0631

79 Zimmer, davon 10 Suiten

Schöner kann man in Seattle nicht wohnen: mittendrin und doch ruhig, direkt am historischen Pike Place Market. Das Hotelrestaurant „Campagne" gehört zu Recht zu den absoluten Top-Adressen der USA.

Register

Impressum

© 2000 by Wilhelm Heyne Verlag
GmbH & Co. KG, München

Umschlaggestaltung:
Hauptmann und Kampa Werbeagentur, CH-Zug

Fotos (mit Ausnahme der uns freundlicherweise von den Hotels zur Verfügung gestellten Aufnahmen):
Peter von Gerdes

Layout, graphische Gestaltung und Satz:
Greenstuff, Iris & Jochen Grün, München

Herstellung: Karlheinz Rau, München
Litho: media one, München
Druck und Bindung: RMO Druck, München

Printed in Germany

ISBN 3-453-17689-8